教師と保護者のための

子どもの学び×AI入門

福原 将之 著
Masayuki FUKUHARA

明治図書

◆まえがき◆

保護者の皆様、そして小学校・中学校・高校の先生方、はじめまして。教育・ＩＣＴコンサルタントの福原です。本書『教師と保護者ための子どもの学び×ＡＩ入門』を手に取っていただき、ありがとうございます。

本書は、２０２３年9月15日に発行された私の初著書『教師のための ChatGPT 入門』に続く、第二作目となります。前作の出版時、ChatGPT の潜在能力がまだ充分に認識されず、学校での使用を禁止するかどうかという議論が始まってしまったことから、ChatGPT の効果的な活用方法とその価値を教育界に広める必要性を感じ、筆を取りました。幸い、私の努力が少しでも貢献できたかは分かりませんが、今では教育分野で生成ＡＩを活用する動きが加速していることを嬉しく思います。

しかし、生成ＡＩのような新しいテクノロジーが学校教育に浸透するには時間がかかります。ＡＩ教育が広く導入されるまでには、10年程度を見込んでいます。この状況では、現在小学校・中学校・高校に通っている子どもたちが、ＡＩ教育を受けずに社会に出る可能性が高くなります。これにより、将来的に生成ＡＩをうまく活用できないことで、子どもたちがＡＩ格差に直面する恐れがあります。

そこで本書は、現在の小・中・高校生が将来ＡＩ格差に陥ることなく、ＡＩ社会で幸せに生きられるようにいます。教育関係者の皆様には、この本を通じて生成ＡＩを活用した教育の重要性を理解し、学校でのＡＩ教育の導入を早期に始めていただきたいと願っています。保護者の皆様には、この本で生成ＡＩについて学び、お子さんと共に興味を持っていただければ幸いです。周囲の大人がＡＩに関心を持つだけで、子どもたちの学習環境は大きく変わります。そして、保護者がＡＩ教育に理解を示し、興味を持つことが、学校環境を変える力となります。お子さんと日本の将来を担う多くの子どもたちのために、ご協力をお願いいたします。

本書の構成は以下の通りです。第一章「ＡＩは子どもの味方〜社会はこう変わる！」では、生成ＡＩの基礎から始め、これが将来にどのような変化をもたらすか、さらには新たに出現するＡＩ格差が子どもたちの未来にどう影響するかを探ります。第二章「生成ＡＩのトリセツ〜保護者と教育関係者が知っておきたい７つの要点」では、生成ＡＩを理解し安全に活用するための不可欠なリテラシーと注意点を、特に覚えておくべき７つの重要なポイントに絞り込んで解説します。これらの知識は、子どもたちのＡＩ教材としても有用です。そして第三章「生成ＡＩを活用した新しい教育〜先進事例の紹介とその可能性」では、ＡＩ教育を先駆けて取り入れ、成果を上げている国内の学校や民間企業の事例を紹介し、その可能性を探ります。教育関係者には、これらの事例が学校でのＡＩ教育の実践に役立つことでしょう。最終章「子ども with AI の時代への対応〜今から始められる7つのステップ」では、ＡＩが当たり前となる社会で子どもたちが幸せに生きるために、ご家庭や学校で実践できる7つのステップを紹介します。

本書を通じて、先生方、保護者の皆様が子どもたちのために有益な情報を得られること、そしてそれが子どもたちの未来を明るく照らすことを心より願っています。

第二章 生成ＡＩのトリセツ◈保護者と教育関係者が知っておきたい7つの要点

第三章　生成AIを活用した新しい教育◆先進事例の紹介とその可能性　61

第一章

AIは子どもの味方

◈社会はこう変わる！

生成ＡＩとは何か～ChatGPTの登場

様々な生成ＡＩ

生成ＡＩとは、人間のように創造的な作業をＡＩ（人工知能）が実行するテクノロジーを指します。文章を書くテキスト生成ＡＩ、画像を描く画像生成ＡＩ、音楽を作り出す音楽生成ＡＩ、そして動画を制作する動画生成ＡＩなど、各々の分野で特化した生成ＡＩが存在します。これらの生成ＡＩは、インターネット上の膨大なデータを学習し、その結果をもとに新たな作品や文章を「生成」します。

具体的な例として、ある生成ＡＩが詩の作成を学習するケースを考えてみましょう。その生成ＡＩは、何千もの詩を読み込み、詩のパターンやリズム、表現方法などを学習します。そして、その獲得した知識をもとに、まったく新しい詩を生み出します。これが、生成ＡＩの基本的な仕組みとなります。

ＩＴやプログラミングに明るくない人でも簡単に利用できるのが、生成ＡＩの魅力の一つです。例えば画像生成ＡＩを使用すれば、次ページのような高品質の画像を簡単に生成できます。画像生成ＡＩに「再生エネルギー100％の未来の東京」というテーマを指示するだけで、数十秒で鮮明なイメージが作られます。この短時間でオリジナル画像を生成できる能力が、生成ＡＩの真価を物語っています。そして、この生成ＡＩという新しいテクノロジーは、画像だけでなく、文章や映像、音楽など多岐にわたる分野で登場しているのです。

生成ＡＩは２０１４年ごろから既に存在していましたが、２０２２年にテキスト生成ＡＩ「ChatGPT（チャットジーピーティー）」が登場すると、その可能性が広く認知され、一気にブームへとつながりました。ChatGPTは多くの人々に生成ＡＩの可能性を知らしめ、現在の生成ＡＩブームを引き起こしたのです。

ChatGPTの登場

２０２２年11月に登場し、驚異的なスピードで広まったChatGPTは、文章を生成するテキスト生成ＡＩです。ChatGPTは、対話形式で質問に答えを生成したり、物語やレポート、作文などを作成したりすることができます。限定的な範囲ではありますが、人間が書いたかのような自然な文章を生成することも可能です。このようなテキスト生成ＡＩは以前から開発され

図１「mage.space」と画像生成AI「Stable Diffusion」を使って著者が作成した「再生エネルギー100%の未来の東京（Future Tokyo with 100% renewable energy）」

ていましたが、一般向けに大々的に宣伝され、広く知られるようになったのはChatGPTが初めてで、それが大きな成功につながりました。

以下に、ChatGPTとの実際の対話例をいくつかご紹介します。

【質問1】
自己紹介をしてください。

【ChatGPTの回答例1】
こんにちは、私の名前はChatGPTです。OpenAIによって訓練された人工知能（AI）の一つです。数百万の書籍、ウェブサイト、その他のテキストから学習しており、さまざまなトピックについて情報を提供したり、質問に答えたりすることができます。私の目的は、ユーザーが情報を得るのを手助けし、新しい視点を探求し、問題を解決するのを助けることです。ただし、私は完全に自立的な存在ではなく、自分の意見や感情を持っていません。どんな質問でも気軽にどうぞ。よろしくお願いします。
（著者がChatGPT Plusを使用して作成）

【質問2】
中学受験のメリットを教えてください。

【ChatGPTの回答例2】
中学受験には以下のようなメリットが考えられます：

1. 高度な教育環境：私立の中高一貫校は一般的に優れた教育環境と設備を提供します。高度な学術プログラム、多様な課外活動、そして充実した施設などがあります。これにより、生徒は自分の興味や才能を広げるための多くの機会を得ることができます。
2. 早期の目標設定：中学受験を経験することで、生徒は早い段階で自分の目標と向き合い、そのための努力を学びます。その経験は自己啓発、計画立案、時間管理等のスキルを伸ばす機会になります。
3. 長期的な人間関係の形成：中高一貫校では、生徒は長期間、同じクラスメートや教師と関わることができます。これは深い人間関係の形成に寄与し、また安定した学習環境を提供します。
4. 高校受験のプレッシャー軽減：一度中学に合格すれば、一般的には高校への進学が保証されるため、高校受験のプレッシャーが軽減されます。
5. 個別の学習指導：私立中学校はしばしばより小規模なクラスを持っているため、教師は生徒一人一人に対してより個別の指導を行うことが可能になります。それにより、個々の学習スタイルやペースに合わせた指導が受けられます。

ただし、中学受験はその準備に時間と労力を必要とし、また受験料や私立学校の学費も考慮する必要があります。従って、受験の是非を決める際には、これらの要素をすべて考慮する必要があります。

（著者が ChatGPT Plus を使用して作成）

これらの例から、ChatGPT がいかに強力なツールであるかご理解いただけたでしょうか。

生成AIブームと加速する開発競争

２０２２年11月に OpenAI 社によって一般公開された ChatGPT は、驚異的な速さで利用者を増やし、６日間で100万人、２ヶ月で１億人に達しました。その成長速度は、過去のあらゆるサービスの中で史上最速とされています。さらに、Microsoft が1.3兆円を追加投資するなど、テレビ番組や雑誌、動画サイトでも大きな話題となり、爆発的なヒットを記録しています。

この ChatGPT の劇的な成果は、Google、Amazon、Facebook（現 Meta）、Apple、そして Microsoft をはじめとした GAFAM と呼ばれる巨大テック企業の動きを加速させました。

- Google は２０２３年2月に独自の生成ＡＩ「Bard」を発表、同年7月に発展させた「Gemini」を開発。同年12月には生成ＡＩが初めて搭載されたスマホ「Pixel 8 Pro」を発表。
- Amazon は２０２３年7月、生成ＡＩをベースにしたアプリケーションを開発するためのサービス「Amazon Bedrock」の提供を開始。同年11月、カスタマイズできる生成ＡＩアシスタント「Amazon Q」

を発表。

● Facebook（現Meta）は２０２３年7月、無償で一般公開されるオープンソース形式の生成ＡＩ「LLaMA 2」を発表。同年4月には、手書きイラストをアニメーションにする生成ＡＩ「Animated Drawings」を発表。

● Appleは２０２３年7月、独自のフレームワークを使った生成ＡＩ、通称「Apple GPT」を開発中と報道。

● Microsoftは２０２３年2月、インターネットと接続された生成ＡＩ「Copilot（旧Bing Chat）」を発表。

● テスラやスペースXのＣＥＯで知られる起業家イーロン・マスク氏は２０２３年7月、ＡＩ開発の新会社「xAI（エックスエーアイ）」を立ち上げ、ＡＩ開発競争に参戦。

私たちの生活が１９９０年代のインターネット検索エンジンや２０００年代のスマートフォン・ＳＮＳの出現により大きく変わったように、現在、生成ＡＩの波がさらなる変革をもたらそうとしています。新しい時代の幕開けは、私たちが意識しない間にも進行中なのです。

そして、子供たちの未来を考える上で、今後の社会の変動やＡＩ時代の成り行きを理解することは、保護者や教育者にとって極めて重要です。次節では、この生成ＡＩによる社会の変容について詳しく触れていきます。

ＡＩ社会の到来～Society5.0

Office にＡＩが搭載される時代

「生成ＡＩが社会を変える！」という言葉を聞いても、多くの保護者や教師にとっては具体的なイメージが浮かびにくいかもしれません。しかし、実際の生活においてはすでにその波がやってきています。例として挙げられるのが、ビジネスの現場で頻繁に使用されるMicrosoft の「Office」パッケージです。このパッケージには、文書作成ソフトの「Word」、表計算ソフトの「Excel」、プレゼンテーションソフトの「PowerPoint」、そしてメールソフトの「Outlook」などが組み込まれています。

２０２３年11月、Microsoft はこの Office シリーズにＡＩ機能を強化した新サービス、「Microsoft Copilot for Microsoft 365」を大企業向けに導入しました[1]。続いて２０２４年1月、このサービスは中小企業や教育機関にも拡大され、個人ユーザー向けには「Copilot Pro」という名称で提供されるようになりました。この「Copilot」という名前は、「副操縦士」という意味を持ち、ＡＩがユーザーの作業を助け、より効率的にサポートする役割を担うことを示しています。

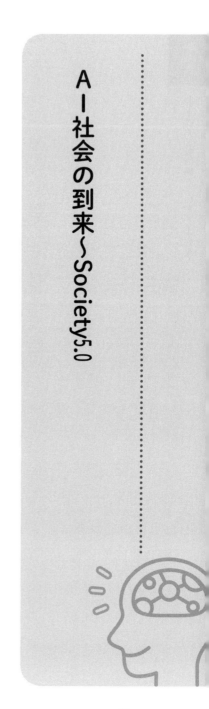

執筆時点では、製品に完全に実装されていない機能があるものの、その潜在的な威力は既に明確です。Wordを例にとると、文書作成の際、「どのような目的や内容で作成したいか」という指示をＡＩに伝えるだけで、瞬時にドラフトが生成されます。これにより、白紙の状態で悩みが軽減され、執筆から編集、調整の時間を大幅に短縮できます。さらに、編集段階では、具体的な文章を自ら考える必要がなく、ＡＩに「この部分を修正」「こんなイメージで調整」といった指示を出すだけで、まるで秘書に指示をするかのようにスムーズに編集を進めることができます。同様の機能が、PowerPointやOutlookにも実装されています。

また、Wordの報告書をPowerPointのＡＩに渡せば、プレゼンテーション資料が即座に作成される機能も搭載されています。プレゼンテーションに画像を追加したい場合も、PowerPointに内蔵された画像生成ＡＩが必要に応じてオリジナル画像を生成します。PowerPointの資料を元にWordでの文書生成も可能です。Excelでは、売上データを入力してＡＩに指示するだけで、四半期ごとの分析サマリーを自動生成。データ分析の専門知識がなくても、ＡＩの指示により高度な分析が行えるようになります。Teamsでは、会議の内容やタスクを自動的に記録し、議事録を作成。Outlookでも、長いメールスレッドの要約や、受信メールの内容を基にした返信の下書きを即座に生成します。

このようなＡＩを活用したツールの普及が、これからのＡＩ社会の根幹を形成していきます。実際、Microsoftに続き、Googleもクラウドベースのアプリケーション「Google Workspace」に生成ＡＩを組み込んだ新サービス「Duet AI for Google Workspace」を発表しました。このように、生成ＡＩ技術の進化と普及は急速に進行中であり、近い将来、私たちのビジネスや日常生活においても大きな影響を及ぼすことが予想されます。

生成AIと雇用の問題

「AIが仕事を奪う」という予測は、長年メディアや研究者によって警告されてきました。2011年8月にニューヨーク市立大学大学院センターのキャシー・デビッドソン教授が「小学校に入学した子どもたちの65%は、大学卒業後、現在存在していない職業に就くだろう」と述べたことは、日本でも大きな話題となりました[2]。デビッドソン教授はテクノロジーの発達による新たな仕事や職業の誕生を指摘しており、生成AIの登場がこれを現実のものとしています。

2023年3月には、ゴールドマン・サックスが生成AIの社会影響を分析した報告書を発表しました[3]。この報告書では、生成AIが世界の労働生産性を劇的に高める可能性を秘めている一方で、労働市場に大きな変動をもたらす可能性も指摘しています。具体的には、現在の職種の約3分の1がAIによる自動化の影響を受け、最大で職種の4分の1が代替されうるとされ、全世界で3億人相当のフルタイム職がAIによって置き換えられる可能性があると警鐘を鳴らしています。

ゴールドマン・サックスの予測公表からわずか1年以内に、生成AIによる失業の問題が海外で現実のものとなり始めています。アメリカでは、生成AIを理由とした人員削減が2023年8月までに約4000人に上り、AI時代の到来に伴う労働力の流動化が進んでいると報じられました[4]。通信大手TモバイルUSは従業員の7%を一時解雇する計画を発表し、IBM のCEOは単純作業を行うバックオフィス業務の約3割が5年以内になくなると予測し、従業員のリスキリングと配置転換を進めています。

さらに、生成AIの影響はクリエイティブな職業にも及んでいます。ハリウッドでは、生成AIを活用した脚本作成に対する規制を求め、脚本家がストライキを行いました[5]。また俳優組合も、AIによる代替技術の可能性に対する懸念からストライキを実施しました。[6]中国では、画像生成ＡＩの普及により、イラストレーターの失業が急増しています。[7]生成ＡＩによる雇用への影響は、今後も広範囲にわたって続くことが予想されます。

ＡＩとロボットは子どもの味方

「生成ＡＩが仕事を奪う」という報道は、日本の多くの人々、特に若者や子どもたちに不安を感じさせるかもしれません。確かに、このような変化に対する認識と準備は必要ですが、必要以上に恐れる必要はありません。なぜなら、ＡＩが実は若者や子供たちの心強い味方となり得るからです。

国立社会保障・人口問題研究所が提供する「日本の将来推計人口推移」のデータ（図２）によれば、２０６５年の日本の総人口は２０１５年時点の69％、生産年齢人口は59％に減少するとされています。[8]人口推移の予測は、出生と死亡の動向をベースに算出されるため、その精度は非常に高い

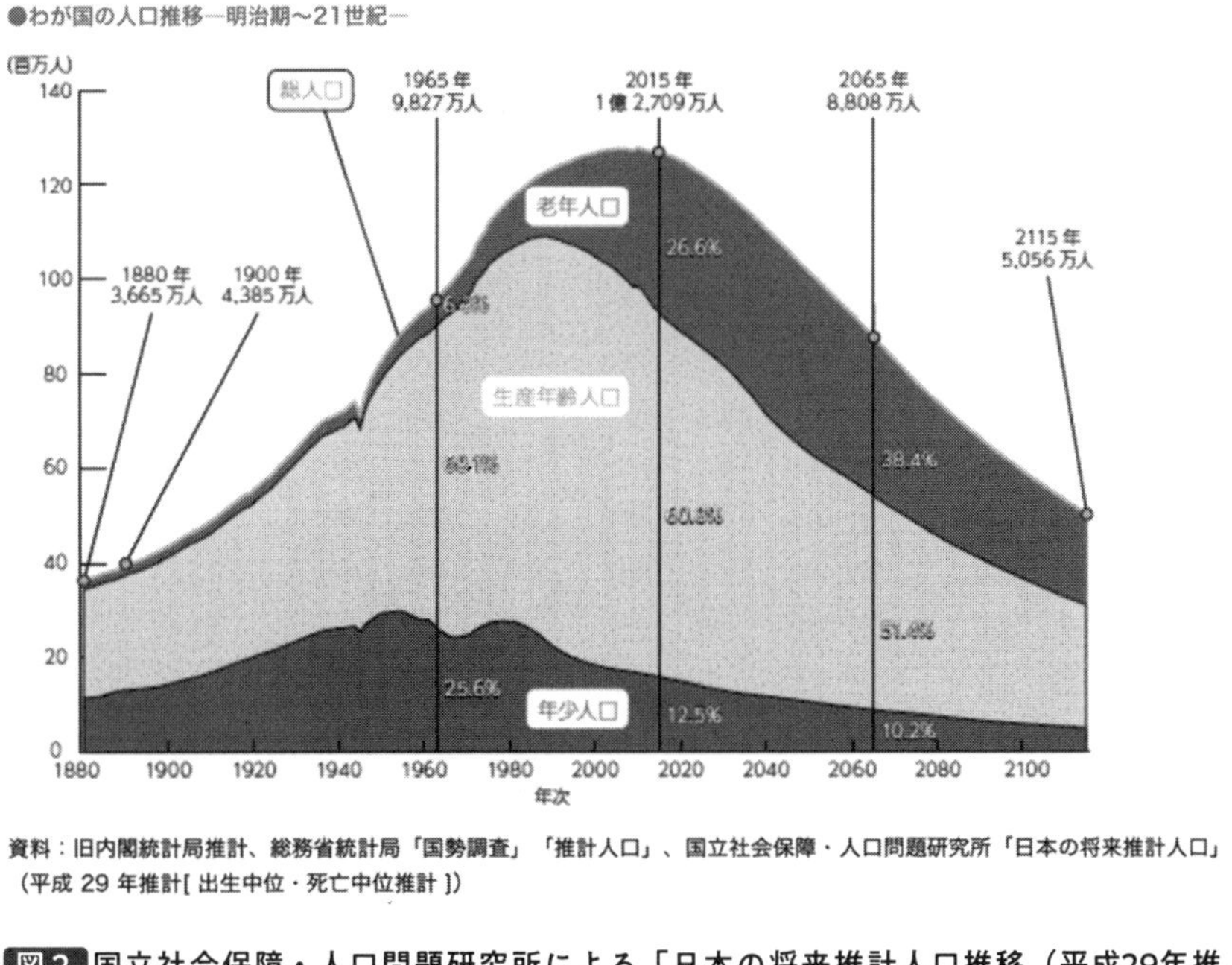

資料：旧内閣統計局推計、総務省統計局「国勢調査」「推計人口」、国立社会保障・人口問題研究所「日本の将来推計人口」（平成 29 年推計[出生中位・死亡中位推計]）

図２ 国立社会保障・人口問題研究所による「日本の将来推計人口推移（平成29年推計）」[8]

と評価されています。そして、生産年齢人口の大幅な減少は、経済的な活動の低下を意味し、国全体の経済成長を阻害するリスクが指摘されています。簡潔に言うと、何も手を打たなければ、日本の経済は衰退の一途をたどる可能性が高いということです。

このような状況下で、ＡＩやロボットなどの新しいテクノロジーが果たす役割は非常に大きいです。減少する労働力をＡＩやロボットが補完し、日本経済の生産性を維持、あるいは向上させることで、子どもたちの将来がより明るく保たれるのです。

実際、マサチューセッツ工科大学で日本の労働市場に関する研究を行う菊池信之介氏は、最新の研究を基に、日本においてＡＩやロボットが雇用を脅かすことはないと予測しています。[(9)] この予測には二つの理由があります。第一に、日本社会には自動化技術への抵抗感が少なく、ロボットやＡＩの受容度が高いこと。そして第二に、人手不足の状況がロボットやＡＩによる作業の需要を生み出していることが挙げられます。

「生成ＡＩに仕事が奪われる」というネガティブな視点ではなく、生成ＡＩが既存の作業を効率化し、新たな価値を生み出す機会と捉えることが大切です。情報通信技術（ＩＣＴ）がもたらした効率化と同様、生成ＡＩの加わる現代社会では、多くの業務がさらに便利になります。生成ＡＩによって一部の繰り返し作業が自動化される一方で、新たな仕事や職業が生まれることも期待されています。生成ＡＩやロボットは子どもたちが将来幸せに暮らすために不可欠な相棒であり、心強い味方なのです。

Society5.0はＡＩ社会

既に日本政府は、ＡＩやロボットの技術を積極的に活用し、経済の再活性化と社会の持続可能な発展を目指す方針を打ち出しています。この革新的な取り組みは「Society5.0 = スマート社会」として具体化され、

２０１６年に「第５期科学技術基本計画」として閣議決定されました[10]。Society5.0は狩猟社会（1.0）、農耕社会（2.0）、工業社会（3.0）、情報社会（4.0）を経て、人類が次に進むべきステージを指します。第４次産業革命と称される現代では、IoT（Internet of Things）やＡＩの積極的活用が主要な推進力となっています。

Society5.0の構想は生成ＡＩの台頭以前に考案されましたが、生成ＡＩの登場はこの第４次産業革命を象徴するものであり、Society5.0を実現するための鍵となるでしょう。

Society5.0の核心は、実世界から収集される大量のデータをデジタル技術で分析し、その結果を人々の生活改善に活かすことです（図３）。ＡＩの力を借りて、これまでにない新しい価値を社会にもたらし、産業や生活様式に革命を起こすことが期待されています。このスマート社会では、ＡＩやロボットが日々の面倒な作業を代行し、人々がより豊かな時間を過ごせるようにサポートします。例えば、ＡＩが交通の流れを最適化して渋滞を解消したり、健康管理をサポートして病気の予防に役立ったりすることが考えられています。

未来を担う子どもたちは、このSociety5.0がもたらすＡＩ社会で生活することになります。子どもたちにとって、ＡＩやロボットは単なるツールではなく、日常生活を豊かにするパートナーとなるでしょう。

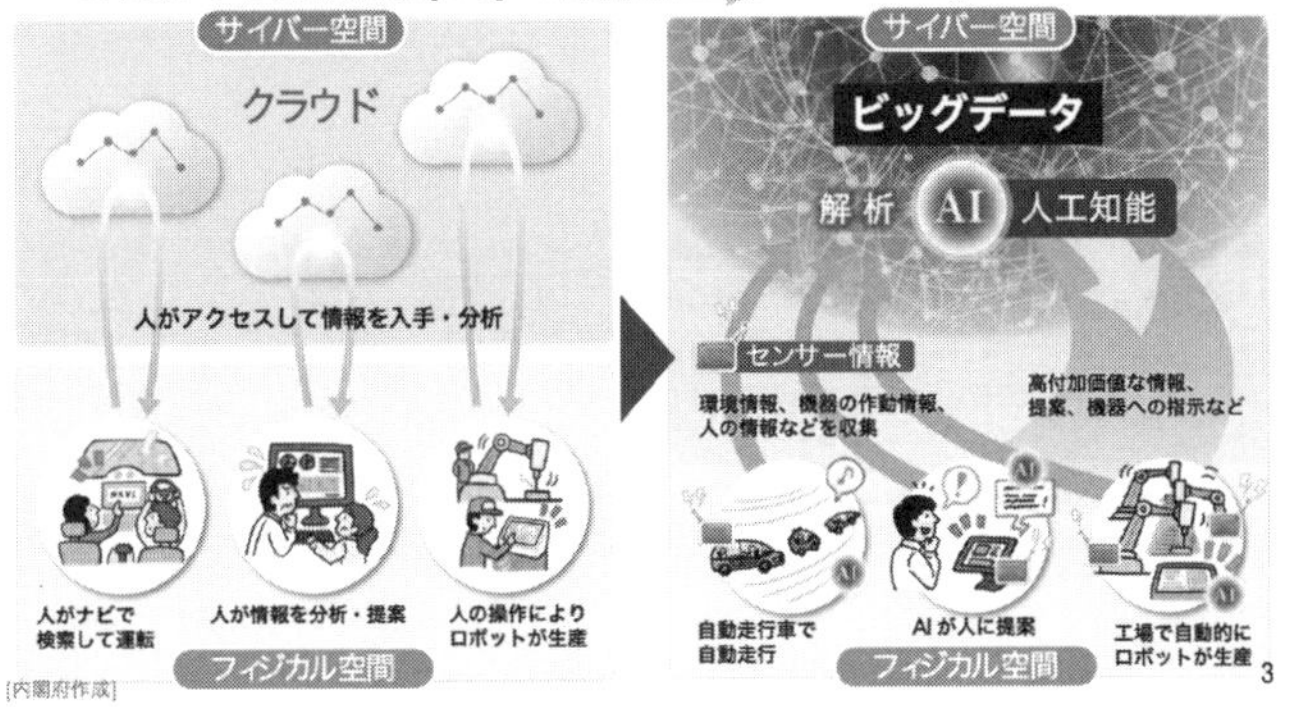

図３ Society5.0の核心となるサーバー空間とフィジカル空間の高度な融合のイメージ。画像は内閣府の説明資料より引用[10]

AI社会のイメージ～AIは副操縦士

AI社会のイメージ

Society5.0のような未来社会では、私たちはＡＩとどのように関わり合っているのでしょうか。未来社会を具体的にイメージできるように、ChatGPTに未来の物語を創作してもらいました。

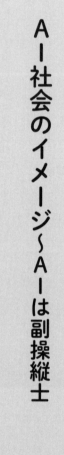

２０３５年、田中家では家族一人ひとりに割り当てられたパーソナルＡＩアシスタントが、彼らの日々を支えています。お父さんのアシスタント「ハル」は、毎朝最適な出勤ルートを提示してくれます。今日は電車の遅延を予見し、自動運転車でのルートを提案しています。「お父さん、今日は自動運転車で行くのが良いでしょう。電車は10分の遅延が予想されます」とハルは静かにアドバイスしています。

お母さんのアシスタント、「ミナ」は、キッチンのコントロールを一手に引き受けています。彼女は今日の朝食に、家族の健康状態を踏まえたメニューを提案します。さらに、冷蔵庫から必要な食材を自動で選び出し、調理器具を動かして朝食を準備します。「お母さん、今日のメニューはオメガ3脂肪酸を豊富に含むサーモンのグリルと、ビタミンCを多く含むフレッシュなフルーツサラダです」とミナは報告しています。

小学生の娘、さくらのアシスタント「リオ」は、彼女が学校での生活を楽しめるよう、服装選びから宿題の管理までをサポートしています。今朝は、「さくら、今日は少し肌寒くなりそうです。このセーターを着て、風邪を引かないようにしましょう」と提案しています。さくらはリオのアドバイスに従い、温かい服を選んで笑顔で応えています。

家族が朝食を取りながら、各自のAIがその日のスケジュールを共有し、お互いの予定に合わせたアドバイスを提供しています。ハルはお母さんの午後のミーティングに合わせて家事の自動化スケジュールを調整します。「ミナ、今日の午後は掃除ロボットを早めに稼働させるよう調整しました。お母さんのミーティングが終わった後には、家がきれいになっていますよ」と助けを申し出ています。

さくらが学校へ向かう際、リオは彼女のリュックに忘れ物がないかチェックし、「さくら、水筒を忘れていますよ」と優しくリマインドしています。さくらは「リオ、ありがとう！」と感謝の言葉を述べています。

パーソナルAIアシスタントが田中家の日常に溶け込み、家族の生活をサポートしていました。それは、人とAIが共に学び、生活する未来の姿でした。

生成AIがもたらす社会変革の二大柱

前節の物語からも分かるように、生成AIの台頭は今後の社会において二つの顕著な変化をもたらすと予想されます。第一の変化は、パーソナルAIアシスタントの普及です。これらのアシスタントは、個人の多岐にわたるデータを基にカスタマイズされ、スマートフォンを携帯するかのように個人がＡＩを携帯することが見込まれています。現在の生成ＡＩは特定のタスクをサポートするに留まりますが、パーソナルＡＩアシスタントの実現により、より包括的な支援が可能となります。この進化の一例として、Googleが２０２３年12月に発表した新型スマートフォン「Pixel 8 Pro」は、軽量ＡＩ「Gemini Nano」を搭載しており、音声ファイルの要約やメール返信の提案といった機能を備えていることが注目されました。これらはパーソナルＡＩアシスタントへの一歩として、進化の方向性を示しています。

第二の変化は、様々な機器のユーザーインターフェイス（ＵＩ）の大幅な刷新です。かつてスマートフォンのマルチタッチスクリーンが新たなＵＩの波をもたらしたように、生成ＡＩは自然言語を介したＵＩへと変革を推し進めます。この技術により、「言葉」という、人間にとって最も自然な思考ツールを用いてコンピューターや機器との対話が可能になります。キーボード入力やスマートフォンへのタッチ操作を必要とせず、口頭での指示だけで理解してくれるデバイスの登場は、ユーザー体験を大きく変えるでしょう。このような直感的で効率的なやり取りが実現すれば、その影響力の大きさを容易に想像できます。この変革は、慶応義塾大学の安宅和人教授が自身のブログで「第五のＵＩ革命」と称するほど、画期的なものです(11)。

生成ＡＩとの付き合い方

ＡＩ社会の到来を控え、私たちはＡＩとどのように付き合っていくべきでしょうか。Microsoftが展開する生成ＡＩサービス「Copilot（旧 Bing Chat）」は、未来の人間とＡＩの関係性を象徴する名称として、非常に示唆に富んでいます。「Copilot」、つまり副操縦士の概念は、ＡＩがユーザーの要望に応じた支援を行う役割を表しています。私たちの仕事やプライベート、学びの場において、ＡＩを副操縦士として頼る新たな時代が幕を開けています（図4）。

本書の二章で詳述しますが、生成AIは真の意味での知性ではありません。時に生成AIの能力は万能に見え、何でも生成AIに任せれば間違いがないと錯覚しがちですが、それは誤解です。副操縦士としての生成AIは、最適なルートを提案することはできますが、最終目的地の選択は行えません。主導権を握るのは常に人間であり、この点を念頭に置きながら、AIとの関係を築いていくことが大事です。

生成AIの普及に伴い、将来的にはAI依存という新たな社会問題が浮上する可能性があります。これを防ぐためには、単に生成AIの使用を制限するのではなく、生成AIについて深く理解し、その長所と短所を見極め、適切な付き合い方を学ぶことが、特にAI社会を生きていく子どもたちにとって重要になります。

子どもたちに「生成AIは副操縦士だ」と伝えることは、直感的ではないかもしれません。そんな時は、人気マンガ「ワンピース」の例を用いると良いでしょう。「あなたが船長のルフィで、生成AIはナミやジンベエのようなものだ」と説明することで、子どもたちも理解しやすくなります。ナミは優秀な航海士、ジンベエは確かな操舵手として船を安全に目的地に導きますが、最終的に目的地を決めるのは船長であるルフィ、つまりあなた自身なのです。

図4「生成AIは副操縦士である」という概念をイメージしたイラスト画像。著者がChatGPTのDALL・E 3で作成。

新しい格差の登場〜ＡＩ教育の重要性

ＡＩ社会の光と影：ＡＩ格差の登場

生成ＡＩによって社会が大きく発展する一方、ＡＩ社会の舞台裏では、プライバシーや著作権の侵害、ＡＩの決定過程における透明性や公正性の欠如、ディープフェイク（偽の動画）やフェイクニュースの増加など、新たな問題が浮かび上がってきます。これらの課題の中でも、教育の文脈においては「ＡＩ格差」が特に重要な問題となります。

前節では生成ＡＩを副操縦士に例えましたが、ビジネスの世界では、ChatGPTなどの生成ＡＩが秘書としての役割を果たすことになります。現在、ChatGPTのユーザー数が一億人を超えていることから、想像してみてください。全世界の一億人が、まるでハーバード大学を首席で卒業したような優秀な新人秘書を持つようなものです。このＡＩ秘書を活用する人とそうでない人とでは、業務の効率や生産性に顕著な差が生まれます。これが現在、ビジネスの現場で起こっている変化の核心になります。

現在、企業間で顕著に見られるのは、このＡＩ格差の問題です。生成ＡＩへの投資能力によって企業間で生産性と株価に大きな差がついていることが、全米経済研究所のレポートで明らかにされています[12]。日本では、セキュリティ上のリスクを理由に生成ＡＩの業務利用を避ける企業が多いですが、長期的に見るとこれは逆効果と言えるでしょう。

さらに、このＡＩ格差の問題は企業間だけに留まらず、国家間にも広がっています。NRI セキュアテクノロジーズ株式会社が２０２３年８月から９月にかけて、日本、アメリカ、オーストラリア３か国の企業計２７８３社を対象に実施した情報セキュリティに関する実態調査によると、生成ＡＩの企業導入率は日本が18.0％に対し、アメリカは73.5％、オーストラリアは66.2％と、日本を大きく上回る結果が出ています（図５）。海外では既に多くの企業が生成ＡＩを利用しており、その認知度も高いことが分かります。

この状況は、インターネットやスマートフォン関連のビジネス参入で日本企業が出遅れた歴史が繰り返されることを示唆しています。アメリカでは GAFAM が強力に台頭している一方で、日本は再び遅れを取る危険性があります。生成ＡＩへの迅速な対応とＡＩ人材の積極的な育成が、日本にとって切実な課題となっています。

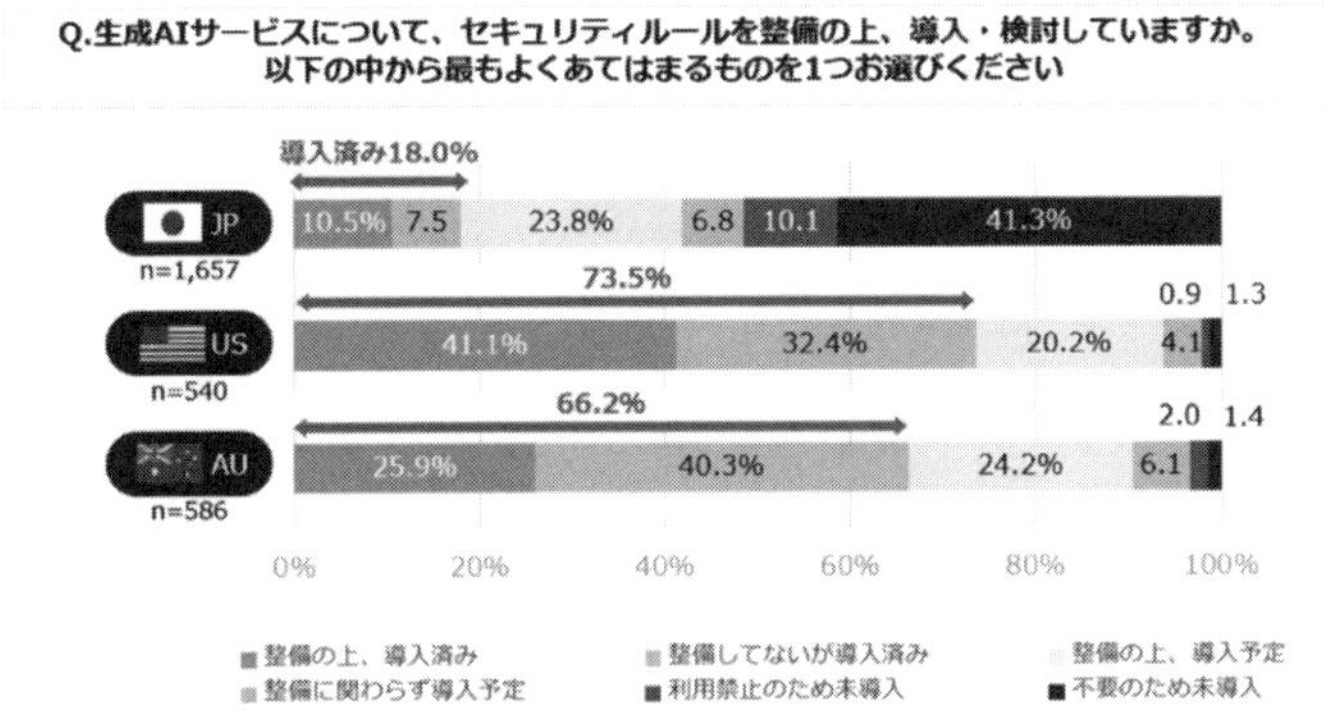

図５ 日本とアメリカ、オーストラリアの企業における生成 AI の導入状況の比較
出典：NRI セキュアテクノロジーズ株式会社による「企業における情報セキュリティ実態調査 2023」[13]

仕事を奪うのはＡＩだけではない

さらにＡＩ格差の問題は、長期的には個々の人々間でのＡＩ格差の問題に拡大していくと予想されます。ＡＩ社会について一般的な誤解は、「人間 vs ＡＩ」という構図です。しかし、実際には、「ＡＩとデータを駆使し自在に操ることができる人々」対「ＡＩやデータの力を十分に活用せず、自己のスキルだけに頼る人々」の競争という構図が成り立ちます（図６）。どちらに軍配が上がるかは明らかでしょう。

本書では、生成ＡＩによって仕事が奪われる可能性について触れてきました。しかし、忘れてはならない点は、仕事を奪うのは生成ＡＩそのものだけではないということです。実際には、生成ＡＩを巧みに使いこなす人たちが、生成ＡＩを使いこなせない人たちの仕事を奪う可能性があります。例えば、効率的な業務遂行や革新的なアイデアの生成において、ＡＩを活用できる人材は圧倒的なアドバンテージを持ちます。企業は、より効果的な成果を出せるＡＩ習熟者を優遇し、結果としてＡＩを活用できない人々の立場はより困難なものになるでしょう。

このように、生成ＡＩの普及は、社会に多大な利益をもたらす一方で、新たな形の格差を生み出す可能性も秘めています。この格差を是正するためには、ＡＩ教育の普及と、すべての人々がＡＩ技術を学び、活用でき

図６ 生成AIを使いこなす人（左）と生成AIを使いこなせない人（右）の格差を表現したイラスト画像。著者がChatGPTのChatGPTのDALL·E 3で作成。

る環境を整備することが急務と言えるでしょう。将来的には、ＡＩと共生する社会を実現するために、政府、企業、教育機関など、社会全体での取り組みが求められます。

ＡＩ格差に陥らないために

現代社会においてＩＣＴスキルの有無が既に格差を生んでいる今、ＡＩスキルの習得は次世代の子どもたちにとってさらに重要な鍵となります。近い将来、社会に出る現在の小学生や中学生にとって、ＡＩスキルは現代のＩＣＴスキルと同様、あるいはそれ以上の重要性を持つでしょう。それでは、子どもたちがこの新しい形の格差に陥らないために、私たちはどのような取り組みができるのでしょうか。

まず、教育の最前線にいる教師と、子どもたちにとって最も身近な大人である保護者が、生成ＡＩについて慣れ親しむことが重要です。社会が生成ＡＩによって大きく変わりつつある今、生成ＡＩについて学ぶことを先延ばしにすることはできません。本書の第2章で紹介する「生成ＡＩのトリセツ」は、その第一歩となるでしょう。

第3章では、ＡＩを教育現場に積極的に取り入れている学校や企業の先進的な事例を取り上げています。これらの例から、ＡＩ教育の可能性と実践的な方法を学ぶことができます。子どもたちが生成ＡＩの発展と共に成長できるよう、教育現場でのＡＩ教育の普及は切実な課題です。教育関係者は、これらの事例を参考にし、今後の教育方針を考える一助としてください。

最後に、第4章では「ＡＩ社会で子どもが幸せになるための7つのアドバイス」を紹介します。これは、ＡＩ時代を見据えて、子どもたちが生成ＡＩを学び、成長するための羅針盤となります。生成ＡＩを正しく理解し、有効に活用する力を育てることで、未来の社会で活躍する子どもたちをサポートしましょう。

参考文献

1 Microsoft（2023, Mar 17）. *Introducing Microsoft 365 Copilot with Outlook, PowerPoint, Excel, and OneNote*[Video]. YouTube. https://youtu.be/ebls5x-gb0s

2 Heffernan（2011, Aug 7）. Education Needs a Digital-Age Upgrade. *The New York Times.* https://archive.nytimes.com/opinionator.blogs.nytimes.com/2011/08/07/education-needs-a-digital-age-upgrade/（参照 2024, Mar 26）

3 Briggs, & Kodnani.（2023, Mar 26）. The Potentially Large Effects of Artificial Intelligence on Economic Growth. *Goldman Sachs Global Investment Research.* https://www.gspublishing.com/content/research/en/reports/2023/03/27/d64e052b-0f6e-45d7-967b-d7be35fabd16.html

4 日本経済新聞（2023, Sep 24）.「ＡＩ失業」米国で現実に　１～８月４０００人，テックや通信. https://www.nikkei.com/article/DGXZQOGN29D5P0Z20C23A8000000/（参照 2024, Mar 26）

5 NHK NEWSWEB（2023, Sep 27）. 全米脚本家組合 27日にストライキ終了へ〝暫定合意に達した〟. https://www3.nhk.or.jp/news/html/20230927/k10014208151000.html（参照 2024, Mar 26）

6 NHK NEWSWEB（2023, Nov 9）. 米俳優の労働組合のストライキ〝製作会社側と暫定合意〟発表. https://www3.nhk.or.jp/news/html/20231109/k10014252331000.html（参照 2024, Mar 26）

7 TBS NEWS DIG（2023, May 10）. 中国で「画像生成ＡＩ」急速な普及の影で…失職するイラストレーター急増　著作権侵害などの社会問題も. https://newsdig.tbs.co.jp/articles/-/478906?display=1（参照 2024, Mar 26）

8 国立社会保障・人口問題研究所.「日本の将来推計人口（平成 29 年推計）」. https://www.ipss.go.jp/pr-ad/j/jap/03.html（参照 2024, Mar 26）

9 菊池信之介，藤原一平，代田豊一郎（2023, Nov 23）. Automation and the Disappearance of Routine Work in Japan. *RIETI Discussion Paper Series,* 23-E-082. https://www.rieti.go.jp/jp/publications/summary/23110024.html

10 内閣府. Society 5.0. https://www8.cao.go.jp/cstp/society5_0/（参照 2024, Mar 26）

11 安宅和人（2023, Dec 16）. 第五のＵＩ，ニューロサイエンスとマーケティングの間 - *Between Neuroscience and Marketing.* https://kaz-ataka.hatenablog.com/entry/2023/12/16/142532（参照 2024, Mar 26）

12 Moreno（2023, Aug 4）. 生成ＡＩが「企業間の格差を拡大」，全米経済研究所が報告. *Forbes Japan.* https://forbesjapan.com/articles/detail/65052

13 ＮＲＩセキュアテクノロジーズ株式会社（2024, Jan 25）. ＮＲＩセキュア，日・米・豪の３か国で「企業における情報セキュリティ実態調査２０２３」を実施 https://www.nri.com/jp/news/newsrelease/lst/2024/cc/0125_1（参照 2024, Mar 26）

第二章

生成ＡＩのトリセツ

◆保護者と教育関係者が知っておきたい７つの要点

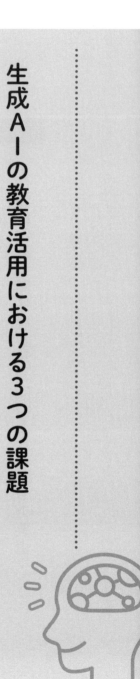

生成ＡＩの教育活用における3つの課題

この章では、生成ＡＩのトリセツと題して、保護者と教育関係者が知るべき生成ＡＩの教育活用における重要なポイントを解説します。まず始めに、ChatGPT の登場以来、世界中および日本の教育現場がどのような反応を見せてきたのか詳しく見ていきましょう。

生成ＡＩに対する教育業界の反応

２０２２年11月のChatGPT リリースから約２ヶ月後、アメリカのスタンフォード大学の学生を対象にChatGPT の使用に関するアンケートが実施されました。[14] ４４９７件の回答が集まり、そのうち17％の学生が最終試験や課題にChatGPT を活用していることが明らかになりました（図７）。リリースから僅かな期間でのこの普及率は注目に値します。多くの学生はブレインストーミングや構成検討、アイデア出しといった創造的な用途に使用していましたが、一部にはChatGPT の回答をそのまま提出する学生もいたと報告されています。

スタンフォード大学の学生の優秀さを差し引いても、ChatGPT の急速な普及は他の大学にも波及すると考えられます。アメリカ最大の学区であるニューヨーク市教育局（日本の教育委員会に該当する組織）は、学習への悪影響やコンテンツの安全性・正確性に関する懸念から、ChatGPTの教育利用を制限することを発表し、大きな話題となりました。カリフォルニア州やメリーランド州の公立学校もこれに追随し、制限措置を取り始めました。

一方、生成ＡＩの教育活用を肯定する動きもあります。ChatGPTを「デジタル教育の新潮流」と捉えて積極的に活用していこうとする学校もあります。マサチューセッツ工科大学（MIT）は、ChatGPTを使うのは避けられない現実と捉え、「学習成果物の信頼性や妥当性を検討する良い機会だ」というメッセージを発信しました。

アメリカのこれらの動きを受け、日本でもChatGPTの教育活用に関する議論が活発化しました。２０２３年２月頃から特にその話題が盛り上がり、３月22日には東京外国語大学が「大学教育におけるＡＩ利用のガイドライン」を発表し、上智大学、東北大学、東京大学など多くの大学が生成ＡＩ利用に関する自身の見解を公表しました。

ChatGPTの教育活用をめぐる議論は、その利用に関わる明確な課題が存在するためです。多くの専門家たちが挙げる主な課題は、次の３つに集約されます。すなわち、⑴学習機会の喪失、⑵評価の

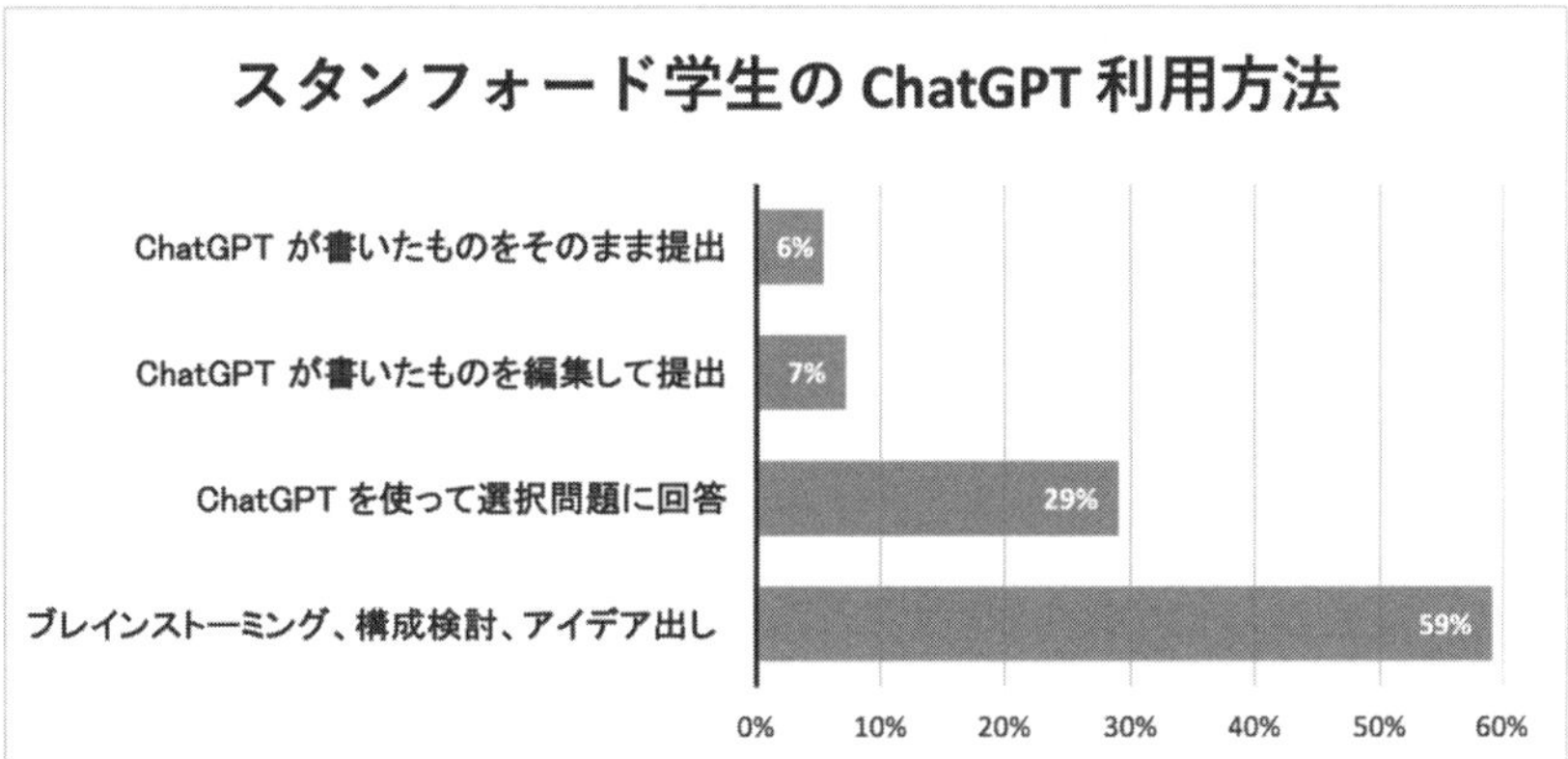
スタンフォード学生の ChatGPT 利用方法
ChatGPT が書いたものをそのまま提出
6%
ChatGPT が書いたものを編集して提出
7%
ChatGPT を使って選択問題に回答
29%
ブレインストーミング、構成検討、アイデア出し
59%
0%
10%
20%
30%
40%
50%
60%

図７ 2022年秋の最終試験・課題におけるスタンフォード大学生の ChatGPT 利用方法。グラフはアンケート結果[14]をもとに著者が作成

正確性・公平性の低下、そして(3)生成ＡＩによる不正確な情報（ハルシネーション）の影響です。次の節では、これらの課題とそれに対する対応策を詳しく解説します。

課題(1) 学習機会の喪失

一つ目の課題は、生成ＡＩの使用によって生徒が学習機会を失うことです。具体的には、生徒が宿題や課題において生成ＡＩを利用し、生成ＡＩの提供する回答をそのまま提出することにより、本来その宿題や課題から習得すべきスキルを身につける機会が失われることを指します。たとえスタンフォード大学の学生でさえ、ChatGPTの回答をそのまま使用するケースがあるほどですから、高校生以下の子どもたちが生成ＡＩを使うことにより、教育上望ましくない使い方をしてしまうリスクは否めません。

この課題への対処法には、主に二つのアプローチが考えられます。第一に、生徒に課題や宿題を自力で解決することのメリットを明確に伝えることが重要です。具体的には、それらの課題を通じて伸ばすべき生徒の能力や、それが将来にどのような利点をもたらすかを理解しやすい形で説明することです。単に「テストのため」や「受験に役立つため」といった、生徒にとって納得しにくい理由ではなく、その能力が人生にどのようなメリットをもたらすか、受験に合格することがどのような利益を生むかを具体的に伝えるべきです。生徒がその理由を深く理解することができれば、学習機会を損なうような生成ＡＩの使用を避けるようになるでしょう。

さらに、教師が積極的にこの考え方を説明し、生徒集団の中で一定数（例えば二割程度）が理解を深めることができれば、もし不正な生成ＡＩの使用が生じたとしても、生徒同士から「その使い方は適切ではないよ」という指摘が生まれることで、集団全体の自浄作用が期待できます。

二つ目の対応策は、教育者が宿題や課題の適切性を見直すことです。生成ＡＩの回答をコピー＆ペーストで提出できるような宿題や課題は、多くの場合、思考力や創造力を必要としない単純な内容であることが多いです。反復練習や知識習得のためのドリル学習が無意味であるというわけではないものの、宿題や課題を通じて伸ばすことを目的とする生徒のスキルが、本当にその課題を出すことがベストなのかどうかを深く考えることは非常に重要です。

さらに、生成ＡＩが提供する回答では対応できないような課題設定の可能性を検討することも必要です。むしろ生成ＡＩの使用を前提に置き、より高度な思考や複合的なスキルを育成する課題を設計することも考えられます。教育関係者には、このようなアプローチに積極的に取り組むことをお勧めします。

課題(2) 評価の正確性・公平性の低下

第二の課題は「評価の正確性・公平性の低下」というものです。これは、生徒が自力で課題を解決したか、あるいは生成ＡＩを活用したかを、教師が判断することが困難であることから生じる問題です。この状況は、生徒の能力の評価の正確さを損ねるとともに、生成ＡＩを利用している生徒と利用していない生徒間の評価の公正性を失うリスクがあります。

この課題に対する対処法として、まずは教師が、生成ＡＩの使用を許可する課題と禁止する課題を明確に区別することが重要です。生成ＡＩを使用してはならない課題については、なぜそのような決定がなされたのかを生徒に対して具体的に説明し、「この課題は生徒自身の特定の能力を伸ばし、評価するために設計されているので、生成ＡＩの使用は避けてください」といった指示を出しましょう。

また、生成ＡＩの使用が許されている課題では、生徒がどのように生成ＡＩを活用したかの記録を提出させることが有効です。例えば、ChatGPTやCopilot（旧Bing Chat）のようなツールには、回答内容を共有する機能がありますので、それを提出物として添付することで、生徒が生成ＡＩをどのように利用しているかを確認し、評価の公平性を維持することができます。

最後に、生成ＡＩの利用を前提とした評価基準を策定することも重要です。これにより、生成ＡＩを使用した際の生徒の能力をより正確に評価することが可能になります。このようにして、「評価の正確性・公平性の低下」という課題に対応するためには、教師が生成ＡＩの特性に合わせた適切な準備を行うことが重要です。

課題(3) 生成AIによる不正確な情報（ハルシネーション）の影響

第三の課題は、「生成ＡＩによる不正確な情報（ハルシネーション）の影響」というものです。従来の教育システムでは、教師や教科書が情報の正確性を保証していましたが、生成ＡＩの回答にはそのような保証がありません。これにより、生徒が誤った情報を鵜呑みにするリスクや、正確性を気にかけて学習効率が低下してしまうといったことが問題となっています。

この問題に対処するためには、生成ＡＩをインターネットに例えると理解しやすいでしょう。インターネット上の情報も、正確性が保証されていない点では生成ＡＩと同じであり、中にはフェイクニュースも存在します。しかし、現代では多くの学習者がインターネットの情報を適切に取捨選択しながら学習に活用しています。重要なのは、学習者が情報の真偽を見極める能力、つまり情報リテラシーを身につけることです。ファクトチェックを意識することが、このような問題に対する重要な対策となります。

生成ＡＩにおける不正確な情報への対策も、同様にＡＩリテラシーの育成が鍵となります。生成ＡＩの回答に不正確な情報が含まれる可能性があることを自覚し、必要な情報を選び取って学習に役立てることが必要です。また、生成ＡＩのみに頼らず、正確性が保証されている教科書や参考書を併用することで、学習効率の低下を最小限に抑え、生成ＡＩの提供する柔軟な説明や個別化された学習のメリットを最大限に活用することができます。

さらに、技術の進化により、生成ＡＩによる不正確な情報は徐々に減少していくことが予想されます。教育分野に特化した家庭教師ＡＩを開発する企業は、不正確な回答を出さないように工夫を施しています。この問題が時間とともに改善されることも見込まれるため、この点を理解しておくことも重要です。

以上が、生成ＡＩの教育活用にまつわる議論の中心となる、３つの本質的な課題になります。多くの議論は、これらの課題の一つ、あるいはそれらを組み合わせて取り扱っています。生成ＡＩの教育活用に関する議論を耳にする際や、その議論に参加する際には、どの課題に焦点が当てられているかを理解することが重要です。この3つの課題を意識することで、議論の全体像を把握しやすくなり、議論をより深く、かつ効果的に理解することが可能となるでしょう。

生成AIが書いた文章は見抜けない～検出ツールの限界

生成ＡＩの教育活用に伴う課題とその対処方法について紹介しましたが、一部の読者は「生成ＡＩを利用したかどうかを識別できるツールがあれば解決するのではないか」と考えたかもしれません。実際、ＡＩに関連するニュースの中で、このような検出ツールが開発されたという報告もあります。確かに、生徒が生成ＡＩを使用したか否かを判定することができれば、いくつかの問題は緩和される可能性があります。しかし、生成ＡＩによって書かれた文章と人間によって書かれた文章を区別するのは非常に困難です。

生成ＡＩの検出ツールに対する需要は高く、DetectGPTやGPTZeroなど、さまざまな検出ツールが開発されています。しかしながら、これらのツールの精度と信頼性には依然として課題が残っています。特に顕著な問題は、人間が書いた文章を誤って生成ＡＩの文章だと判定してしまう誤検出の発生です。例えば、ノンネイティブの学生が書いた英語の文章を生成ＡＩが書いたものと検出ツールが誤って判定する事例が、海外の大学で問題となったこともあります。多数の検出ツールの有効性を評価した研究報告によると、これらのツールは50％以下の成功率しか達成しておらず、最高でも47.3％の成功率に留まり、多くは20％台、場合によっては一桁台の成功率にとどまっています[15]。

技術の進化に伴い、将来的には検出ツールの精度が向上し、実用的なレベルに達する可能性はあります。しかし、ChatGPTのような生成ＡＩも同時に進化し、より人間らしい文章を生成する能力を磨いていくため、この両者の競争は続くと考えられます。現状、教育現場で検出ツールに頼ることは難しいと言えるでしょう。

生成ＡＩを教育へ活用する流れへ

２０２３年前半、世界中および日本の教育現場では生成ＡＩ活用に関する賛否の議論が盛んに行われていましたが、年の中頃には明らかな潮流の変化が見られました。この転換の一因としては、ビジネス分野での生成ＡＩの利用が広がったことが挙げられます。ＭＭ総研が２０２３年5月末に実施した「日米企業におけるChatGPT利用動向調査」によると、日本は7％だったのに対し、アメリカでは51％という高いビジネス利用率が報告され、認知度も非常に高いことが明らかになりました[16]。

このようなビジネス界の動向の影響を受け、ChatGPTの教育活用に対する利用制限を設けていたアメリカのニューヨーク市教育局は２０２３年5月に禁止措置を撤回し、大きな反響を呼びました。日本でも、東京大学の太田邦史理事・副学長が日経クロステックの取材に応じ、「利用を禁止したところで見抜けないし、使うことを止めることもできない。そもそも、こうした大きな技術が出てきた以上、世の中も変わります。利用を前提に、あらゆることを見直す方向へかじを切るべきだという結論です。」と述べ、生成ＡＩを教育活用する方針を明確に示しました。(17)

日本で重要な転機となったのは、２０２３年7月４日に文部科学省が発表した「初等中等教育段階における生成ＡＩの利用に関する暫定的なガイドライン」です。(18) ガイドラインでは、情報保護や著作権などのリスクについて注意深く言及されていますが、その一方でＡＩ時代に必要な資質・能力を意識的に育てていくことの重要性が強調されています。生成ＡＩの教育活用に対して文部科学省が前向きな姿勢を示したことは、教育業界に大きな影響を与えました。この方針に沿って文部科学省は、令和５年度に37自治体52校を生成ＡＩパイロット校として認定し、生成ＡＩの教育活用についての知見を蓄積していく方針で動いています。

これらの動きにより、日本でも生成ＡＩの教育活用が本格化してきています。特に、大学生の間で自発的な生成ＡＩの利用が増えているため、大学は早期に対応が求められていました。２０２３年12月の日本経済新聞の報道によると、調査に回答した大学の31％が同年９～10月の時点で生成ＡＩの活用を始めていると報告されています。(19) 全ての教育関係者が生成ＡＩの教育活用を支持しているわけではありませんが、日本と世界の教育における大きな潮流の中で、今後ますます生成ＡＩの活用が重要視されることは間違いないでしょう。

次節では、生成ＡＩを教育に取り入れる前に、教師、子ども、保護者が把握しておくべき基礎的なＡＩリテラシーとなる「生成ＡＩのトリセツ（取り扱い説明書）」を紹介します。

生成ＡＩのトリセツ

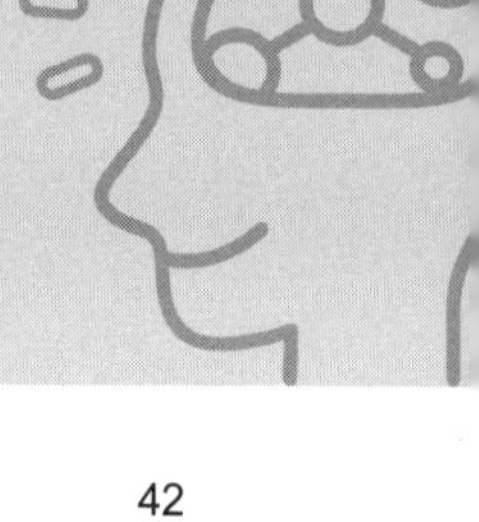

トリセツ❶　生成ＡＩの仕組み～ＡＩに知性はあるの？

生成ＡＩのトリセツの一番目は、生成ＡＩの仕組みについてです。簡単に言えば、生成ＡＩとは「文章や対話の続きを予測し、次の文章を生成するシステム」です。たとえば、「むかしむかし」という言葉に対し、多くの日本人なら「あるところにお爺さんとお婆さんがいました」という続きを想像するでしょう。生成ＡＩも同様に、入力された文章に基づいて最も適切と思われる続きを生成します。ただし、生成ＡＩの回答に多様性を持たせるために、「むかしむかし」と入力すると、「心優しい青年がいました」や「魔法の王国がありました」など、さまざまなバリエーションの回答が生成されるようになっています。

重要なことは、生成ＡＩには質問内容を理解したり、内容の真偽や善悪を評価したりする能力はない、という事実です。生成ＡＩと対話をしていると、人間のような知性を感じることがあるかもしれませんが、生成ＡＩは真の意味での知性を持ち合わせていません。生成ＡＩはあくまで「入力された文章に基づき、最も適切な続きの文章を出力するシステム」であると理解しましょう。

トリセツ❷ ファクトチェック～AIもウソつく!? 本当とウソを見抜く方法

生成ＡＩの仕組みを理解すると、生成ＡＩが「ウソ」をつくことがあるという現象も理解できます。それは生成ＡＩが自分で情報を理解したり真偽を判断したりする能力がないからです。生成ＡＩは、事前に訓練されたデータを元に文章を生成します。そのため、訓練データが誤った情報を含んでいた場合や、ユーザーからの入力に基づいて誤った情報を生成した場合、その結果として「ウソ」を生成することがあります。

それでは、生成ＡＩの情報が「ウソ」であるか「本当」であるかを見抜くにはどうすればよいのでしょうか。これに対処するための手段が「ファクトチェック」です。ファクトチェックとは、ある情報が事実に基づいているかどうかを評価する方法で、次のような手順を踏むことが一般的です。

【ファクトチェックの手順】

1. **情報源を確認する：**
情報がどこから来たのか、その出典は信頼性があるものかどうかを確認しましょう。生成ＡＩに表示される情報源を確認したり、生成ＡＩに「それは本当ですか」と問い質したりすることも効果的です。

2. **複数の情報源を比較する：**
書籍などの信頼性の高い情報源を複数確認し、情報が一致するかどうか確認しましょう。これにより、一部の情報源だけが提供する偏った情報を避けることができます。

3. **専門家の意見を参照する：**
不確かな情報や複雑なトピックについては、その分野の専門家の意見を参照することが有効です。特に医療や法律といった専門知識を必要とする領域では、現段階の生成ＡＩの能力では対応しきれないため、専門家の意見を頼りにすることが重要となります。

生成ＡＩからの情報を受け取る際には、このようなファクトチェックのプロセスが非常に重要となります。生成ＡＩはあくまで一つのツールであり、最終的な情報の評価や意思決定はユーザー自身が行うべきです。生成ＡＩは副操縦士として活躍することができますが、操縦士はあくまで自分自身です。生成ＡＩから提供される情報を無批判に受け入れるのではなく、必要に応じて自分で情報を検証する姿勢が求められます。

トリセツ❸　質問上手〜ＡＩとの会話で大切な、ベストな質問の仕方

生成ＡＩとの対話における原則は、「Garbage In, Garbage Out（ゴミを入れたら、ゴミが出てくる）」というものです。これは、質の低い、不明確な質問を生成ＡＩに投げかけると、それに見合った質の低い回答が生成されるという事実を指しています。質問が曖昧であれば、生成ＡＩはその質問に基づいて最適な答えを導き出すことが難しくなります。結果として、回答はありきたりの役に立たないものになりがちです。

一方で、より適切な質問ができれば、生成ＡＩの回答の品質を格段に向上させることができます。適切な質問とは、明確で具体的な内容を含んでいる質問のことを指します。具体的な情報や詳細な説明を求めることで、生成ＡＩはより正確で有用な情報を提供することができます。例えば、「天気はどうですか？」という質問よりも、「明日の東京の最高気温は何度ですか？」という具体的な質問の方が、ＡＩにより適切な回答を引き出すことができます。

次に、質の高い情報を引き出すための三つの基本的なテクニックをご紹介します。

1. **詳細な文脈と前提条件を明示する：**
抽象的な質問に対しては、抽象的な回答が返されます。より具体的で有益な情報を得るためには、できるだけ詳細な文脈と前提条件を生成ＡＩに教えてあげることが必要です。

2. **回答の品質を具体的に要求する：**
生成ＡＩに対して特定のレベルの回答を指定することも有用です。例えば、「小学生にも理解できるように説明してください」と指示すると、シンプルで分かりやすい回答を返してくれます。

3. **生成ＡＩに特定の立場や役割を割り当てる：**
生成ＡＩのパフォーマンスを上げる方法の一つに、特定の役割や立場を割り当てるテクニックがあります。例えば、「中学2年生の教師として解説してください」「小学生の保護者の視点から説明してください」といった指示が効果的です。

生成ＡＩの潜在力を最大限に引き出すためには、これらの点を考慮した質問の仕方がとても重要になります。質問者が意識することで、ＡＩとの対話はより充実したものになり、有用な情報や知識を得る機会が増えるでしょう。より深く質問のテクニックについて学びたい方は、私の著書『教師のためのChatGPT 入門』をご覧ください。

トリセツ❹　著作権侵害に注意〜ＡＩと著作権、知らなきゃマズイこととは？

一般的にあまり知られていませんが、生成ＡＩ自体が著作権を保有することはありません。これは、日本の著作権法における「著作物」の定義に基づいています。著作権法では「著作物」とは、「思想または感情を創作的に表現したもの」と定義されており、生成ＡＩが「思想または感情」を保有するとは認定されないため、生成ＡＩによって作られた文章の著作権は、その生成ＡＩを使用したユーザーが保有します。

しかし、ここで重要な点は、生成ＡＩを利用する際に著作権問題を全く考慮しなくても良いわけではないということです。多くの生成ＡＩはインターネット上の広範な情報を学習データとして利用しており、このため、ユーザーが気付かないうちに「他者が作成した文章に類似したテキスト」が生成される可能性があります。たとえば、公開されている作品のフレーズやアイデアが、意図せず生成された文書に反映されることがあるのです。

生成ＡＩにより生み出された文章の著作権はユーザーに帰属しますが、その文章が他者の著作権を侵害していた場合、ユーザーは著作権侵害の訴えに直面するリスクがあります。このため、生成ＡＩによって作成された文書をウェブサイトやコンテスト、出版物などの公の場に投稿する際には、著作権侵害がないかを注意深く確認することが求められます。これは、オリジナルのコンテンツを作成する際にも同様で、生成ＡＩを利用した文書においても、その内容が既存の著作物と重複しないように注意する必要があります。

なお、学校教育の現場においては、特に生成ＡＩが作成した文章が既存の著作物と一致または類似している場合でも、著作権法第35条の規定により、その使用は教育の範疇で許可されています。そのため、学校の授業や学習活動といった環境においては、教師と生徒は安心して生成ＡＩを使用することができます。

トリセツ❺　年齢って大事～ＡＩと子ども、年齢制限を守ろう

生成ＡＩサービスは、子どもたちのプライバシー保護や安全性を重視して、年齢制限が設定されることが一

般的です。この年齢制限は、国やサービスによって異なり、通常、最低年齢は13歳から16歳の範囲に設定されています。この年齢制限の設定は、子どもたちがオンラインでのプライバシーや個人情報の管理について十分な理解を持っていない可能性を考慮しています。また、未成年者のオンラインでの活動には特別な注意が必要であり、保護者の監督下での利用が望ましいとされています。

日本では、特定の「何歳以上」という明確な年齢制限は設けられていませんが、12歳から15歳までの子どもが個人情報の同意を求める際には、法定代理人等からの同意が必要とされることが一般的です（個人情報保護委員会ホームページの事業者向けＱ＆Ａ）[20]。このような規定は、子どもたちのデジタル環境における安全を確保し、未成年者のプライバシーを守るために非常に重要です。

家庭や学校で生成ＡＩを利用する際には、それぞれのサービスの利用規約とプライバシーポリシーを確認することが重要です。多くの生成ＡＩサービスは、利用者の年齢を確認し、特に未成年者に関しては、保護者の同意を得ることを求めています。下表は、執筆時点における主要な生成ＡＩサービスの年齢制限と利用規約のＵＲＬをまとめた一覧表です。ご参考にしてください。

表：主要な生成AIサービスとその利用規約における年齢制限

サービス名	提供企業	年齢規定	小学生の利用	参考URL
ChatGPT	OpenAI	・18歳以上 ・13歳未満は不可 （13歳以上18歳未満の場合、親または法定後見人の許可が必要）	利用不可	https://openai.com/policies/terms-of-use
Copilot（旧Bing Chat）	Microsoft	・「成人」または「法的責任」に足る年齢（上記に達していない場合、親権者または法的後見人の許可が必要）	条件付き利用可能	https://www.microsoft.com/ja-jp/servicesagreement
Genimi（旧Bard）	Google	・13歳以上の個人アカウント （Google Workspace for Educationでは、18歳未満のアカウントは使用不可）	利用不可	https://support.google.com/bard/gemini/13275745?hl=ja https://support.google.com/bard/gemini/13278668?hl=ja

（執筆時点の情報に基づき著者が作成）

トリセツ❻ プライバシー・機密情報を守れ〜あなたの秘密、AIには教えないで

生成AIは、サービス提供の過程でユーザーからの入力を貴重な学習データとして再利用しています。このプロセスは生成AIの知能を高め、対話の質を向上させるために非常に効果的です。しかし、この方法がユーザーのプライバシーやセキュリティに関連する懸念を引き起こすこともあります。具体的には、AIに入力された個人情報や機密情報が、後に別のユーザーへの回答に使われる可能性があります。これにより、プライバシー侵害やセキュリティ上のリスクが生じることが懸念されます。

そのため、生成AIとの対話で個人情報や機密情報を入力しないよう、細心の注意を払うことが重要です。例えば、個人名や学校名、住所、電話番号、メールアドレスなどの特定可能な情報の入力は避けましょう。名前を使用する必要がある場合には、「Aさん」や「Bさん」といった匿名での表現や、「A校」、「B校」のように置き換えて使用されることをお勧めします。こうすることで、個人情報の誤用や不正利用のリスクを軽減できます。また、生成AIが提供する回答に万一、誰かの個人情報やプライバシーに関する情報、機密情報が含まれていた場合は、それらの情報の使用は避けるようにしましょう。

一部の生成AIサービスは、ユーザーのプライバシーを保護するため、入力された情報を生成AIの学習データとして使用しないオプションを提供しています。例えば、ChatGPTには「シークレットモード」という機能が用意されており、これを利用すると対話の履歴が保存されない代わりに、その内容がAIの学習プロセスに使用されないように設定することが可能です。また、一部の有料の生成AIサービスでは、ChatGPT Teamのように、入力データを学習に使用しないような高度なセキュリティ機能を提供しています。これらのオプションについて詳しく知りたい場合は、各生成AIサービスの公式ウェブページをご確認ください。

トリセツ❼　アイデア次第～生成ＡＩの活用法は無限大

生成ＡＩの活用法は、ユーザーの発想力とニーズにより、驚くほど多岐にわたります。Google 検索のような検索ツールとしての活用方法が一般的に注目されていますが、生成ＡＩの可能性はそれを遥かに超えます。

- **ビジネス活用**：様々な文書作成、アイデア出し、議論の壁打ち、チャットボットによる業務効率化
- **教育活用**：家庭教師ＡＩとしての活用や探究学習の指導、練習問題の作成、学習計画のコーチング
- **第二言語学習**：多様なシチュエーションでの会話練習やライティング練習
- **創造的な活動**：小説や物語のプロット構築、文体の提案、独創的なアイデアの出発点としての利用
- **デザイン・アート・動画分野**：様々な生成ＡＩによってアート活動へのアクセス性が向上
- **エンジニアリング**：様々なプログラミング支援やホームページの作成、専門知識不要のアプリ開発
- **データサイエンス**：生成ＡＩによるデータ分析と改善案の提案
- **コーチング・カウンセリング**：部活の練習メニューの作成やメンタルヘルスサポートの提供
- **日常生活の支援**：旅行計画のアシスタンスや健康アドバイスなど、多様なサポートの提供

これらは生成ＡＩの可能性を示す一部の例に過ぎません。今後、ＡＩの進化と普及により、新しい活用方法が次々と登場することでしょう。特に子どもたちは、大人が思いつかないような独創的な使い方で驚くべき成果を生むことがあります。大切なのは、さまざまなアイデアを柔軟に試し、子どもたちの創造性を妨げないことです。生成ＡＩを理解し、有効に活用する能力の育成は、今後ますます重要になるでしょう。

学校は生成ＡＩガイドラインを作ろう

学校に生成ＡＩガイドラインが必要な理由

本節は、学校の教育関係者を対象にしていますので、保護者の方は必要に応じて読み飛ばしていただいても構いません。前節では、生成ＡＩの取り扱いに関して７つの重要なポイントを紹介しました。しかし、生成ＡＩについて未学習の生徒や生成ＡＩに不慣れな教師は、これらの理解が十分でない可能性があります。理解不足のままで生成ＡＩを使用することは、様々なリスクを伴い、効果的な教育活用にもつながりません。そのため、学校における生成ＡＩの活用を検討する際には、まず生成ＡＩガイドラインの策定が推奨されます。

学校に生成ＡＩガイドラインを導入することは、生成ＡＩに初めて触れる生徒や保護者に対して、生成ＡＩの基本原理をわかりやすく伝えるための有効な手段となります。生成ＡＩガイドラインを利用することで、生徒たちはＡＩリテラシーをより効率的に習得することが可能となり、同時に保護者も生成ＡＩについての理解を深め、生徒の教育活用に対する承認を得やすくなります。

２０２３年７月４日、文部科学省は「初等中等教育段階における生成ＡＩの利用に関する暫定的なガイドライン」を発表しました。公立学校をはじめとする多くの学校は、この文部科学省のガイドラインを学校のポリシーとして直接採用するでしょう。しかし、より効果的なAI教育を目指す場合、学校独自のガイドラインを策定することを推奨します。文部科学省のガイドラインは学習指導要領とは異なり、法的な遵守義務を持たないため、あくまで参考資料としての位置づけになります。そのため、私立・公立を問わず、各学校は自校の教育方針やニーズに合わせて、独自の生成AIガイドラインを設けることが認められています。学校によってICTの活用方針が異なるのと同様に、生成AIガイドラインも学校ごとに異なるのが自然な流れです。

学校において独自の生成AIガイドラインを策定することには、主に二つの大きな利点があります。第一の利点は、生徒や保護者にとって分かりやすいガイドラインを提供できることです。文部科学省のガイドラインは詳細かつ綿密に記述されていますが、そのボリュームと専門性が故に、生成AIに詳しくない人には理解が難しい場合があります。学校が独自にガイドラインを作成することにより、生徒や保護者が把握しやすい要点に絞り、簡潔にまとめることが可能となります。

第二の利点は、学校独自のガイドラインを策定する過程が、教師たちのAIリテラシーを高める実践的な研修の機会になる点です。自校でのガイドライン策定には、AIリテラシーに関する学びと、実際の生成AIの活用経験が不可欠です。このようなプロセスを通じて得られるAIリテラシーの向上は、文部科学省のガイドラインを単に採用するだけでは得られないものです。将来を見据えた学校経営の観点からも、学校内でAIに精通した教師を育成することは非常に重要です。実際、首都圏のいくつかの私立中学校・高校では、すでに独自の生成AIガイドラインを完成させ、運用しているという調査結果があります(21)。AI教育が普及するにつれて、学校独自の生成AIガイドラインを策定する学校は今後増加していくことでしょう。

学校独自の生成ＡＩガイドラインの作り方

学校独自の生成ＡＩガイドライン策定の重要性とメリットが理解できたところで、次は具体的なガイドライン作成の手順に進みましょう。以下に、効果的なガイドライン策定のための推奨手順を紹介します。

【生成ＡＩガイドラインの作り方】

1. **教員向け生成ＡＩ基礎研修：**
全教員を対象に、生成ＡＩの基礎知識と教育活用に関する研修を実施します。

2. **生成ＡＩの試用期間の設定：**
教員が日常の校務（授業準備や文書作成、アイディア出し等）で生成ＡＩを実際に使用する期間を設定します。

3. **ガイドライン作成チームの結成：**
試用期間中に積極的に生成ＡＩを活用した教師を中心に、ガイドライン作成のための専門チームを結成します。（メンバーの業務負担を軽減し、ガイドライン作成に集中できる環境を整えましょう。）

4. **ガイドラインの初稿作成とレビュー：**
文部科学省のガイドラインや他の教育機関の事例を参考に、自校の教育方針に合わせた初稿を作成します。また、職員会議で初稿レビューと改善を行い、校内の実情に合わせた内容に仕上げます。

5. **最終ガイドラインの公表と保護者・生徒への説明：**
完成したガイドラインを公表し、その内容を生徒や保護者に説明します。また、生成ＡＩの適切な使用方法と目的を共有し、保護者の理解と承認を得ます。

ガイドライン策定において特に重要なステップは、「3. ガイドライン作成チームの結成」です。このチームメンバーの選定は、単に「ＩＣＴに精通している」や「若手である」という理由ではなく、試用期間中に積極的に生成ＡＩを活用した教師から選ぶことが重要です。ＩＣＴの知識があるからといって自動的に生成ＡＩに詳しいわけではなく、また、若手教師が必ずしも生成ＡＩに興味を持っているとは限りません。

ガイドライン作成チームは、新しく導入されるＡＩ教育の初期段階をリードする重要な役割を担います。そのため、生成ＡＩに情熱を持ち、実際の校務にも意欲的に取り入れている教師が適任です。さらに、チームメンバーが生成ＡＩの教育活用に専念できるよう、他の業務量のバランスを適切に配慮することも不可欠です。従来の業務量に加えて「さらに生成ＡＩの担当も」という負担を増やすだけでは、実質的な成果は望めません。管理職や学校経営者はこの点に注意し、学校におけるＡＩ人材育成としてこのプロセスを進めていきましょう。

文部科学省の生成ＡＩガイドラインの要点

前述のように、文部科学省のガイドラインは学習指導要領と異なり、学校に対して法的な遵守義務はありません。しかし、学校独自のガイドライン策定に際して、文部科学省のガイドラインは良い出発点となるため、その内容を十分に理解しておくことは重要です。

文部科学省のガイドラインは多くのメディアで取り上げられていますが、報道においてガイドラインの一部が切り取られて伝えられることで、本来の意図が歪められる可能性がある点に注意が必要です。そのため、教育関係者は、情報の正確性を確保するためにも、必ず文部科学省の公式ウェブサイト（https://www.mext.

go.jp/a_menu/other/mext_02412.html）から原本を確認することをお勧めします。執筆時の最新のガイドラインは、令和5年7月4日に公開されたものです[18]。

文部科学省の生成ＡＩガイドラインをより理解しやすくするため、その要点を簡潔にまとめて紹介します。このガイドラインは、全17ページの本編と、それに加えた別添資料で構成されています。本編は次の5パートで構成されています。

文部科学省の生成ＡＩガイドラインの構成

1. ガイドラインの位置付け（P.1）
2. 生成ＡＩの概要（P.2〜3）
3. 生成ＡＩの教育利用の方向性（P.4〜11）
4. その他の重要な留意点（P.12〜14）
5. 参考情報（P.15〜17）

ガイドライン全体を通して、子どもたちがＡＩを学び活用することに対する前向きな姿勢が感じられます。リスク面に対する懸念や不適切な使用例を挙げながらも、文部科学省は「どのような仕組みで動いているかという理解や、どのように学びに活かしていくかという視点、近い将来使いこなすための力を意識的に育てていく姿勢は重要である（P.4）」と明言しています。このような文部科学省の前向きな姿勢は、生成ＡＩの活用を目指す教育現場に肯定的な影響を与えています。

教師の皆様に特に注目していただきたいのは、文部科学省のガイドラインの「3. 生成ＡＩの教育利用の方向性」セクションの4ページから8ページにわたる部分です。ここでは次の三つの重要な項目が詳しく扱われています。

1. 基本的な考え方：
ここでは、個人情報保護、セキュリティ、著作権への十分な配慮の重要性が強調されています。また、情報の真偽を確かめるファクトチェックの習慣づけ、AI時代に求められる資質と能力の向上、さらに教師のAIリテラシーの向上と生成AIを活用した働き方の改革についても言及されています。

2. 生成AI活用の適否に関する暫定的な考え方：
ここでは、生成AIの不適切な活用例と適切な利用の例が示されています。また、生成AIを利用して作成された成果物を、AIの利用が想定されていないコンクールやレポートにそのまま提出することが、評価基準や規約によって不適切あるいは不正行為にあたる可能性について注意喚起がなされています。

3. 「情報活用能力」の育成強化（全ての学校が対象）：
ここでは、生成AIを使用する上で欠かせないファクトチェックの重要性、生成AIの利点と欠点の理解、インターネット利用時のルールやマナーについて言及されています。

文部科学省のガイドラインには、生成AIに関連するさまざまなリスクも詳述されています。具体的には、生成物が誤りを含む可能性（P.2）、個人情報やプライバシーに関する情報保護の観点（P.12）、教育情報セキュリティの観点（P.13）、著作権保護の観点（P.14）などが取り上げられています。さらに、教育機関に特有の考慮事項として、著作権法第35条に基づく特例が紹介されています。この特例により、教師や生徒が生成AIを利用して生成したものが、既存の著作物と同一または類似していた場合でも、授業の範囲内であればその使用が許可されると説明されています。

また、ガイドラインには校務における生成AIの活用も触れられています。ガイドラインのP.11では、教師の働き方の改善ツールとしての生成AI活用が奨励されており、校務でのその活用が、教育活動への適切な対応を促す素地を作るとされています。校務における生成AIの活用に際しては、一般的な注意事項の遵守が求められますが、文部科学省は大きな制約を設けていません。このことから、文部科学省が働き方改革の推進に向けて生成AIの活用に対して期待を寄せていることが伺えます。

生成AIを積極的に取り入れたい学校は、ガイドラインのP.10およびP.15が特に参考になります。P.10では、生成AIの活用を開始するためのパイロット的な取り組みについて具体的な指南が提供されています。特に注目すべきは、生成AI利用の最終目標が「日常使いする段階（生成AIを検索エンジンと同様に普段使いする）」と設定されている点です。一方、P.15では「各学校で生成AIを利用する際のチェックリスト」が参考資料として提供されており、実用的な資料として役立つでしょう。

以上が文部科学省の生成AIガイドラインの要点です。このガイドラインを通じて、生成AIの基本を理解するとともに、国が教育分野における生成AI利用に対してどのような方針を持っているかを把握することができます。ぜひこのガイドラインを熟読し、今後の教育活動に役立てていただければと思います。

ガイドライン作成のための参考資料

この節の最後に、学校独自のガイドライン作成の際に参考になる資料を紹介します。これらの資料を参考に、ぜひガイドライン作成に取り組んでみてください。

1. 東京都職員向け「文章生成ＡＩ利活用ガイドライン」
https://www.metro.tokyo.lg.jp/tosei/hodohappyo/press/2023/08/23/14.html
２０２３年8月23日、東京都は全局の職員に対して生成ＡＩ（ChatGPT）の利用体制を整備し、ガイドラインを公表しました。東京都のガイドラインは、標準的な内容を明確かつ分かりやすくまとめられています。実践的な活用事例やプロンプト例も含まれており、ＡＩ活用の教材としても適しています。

2. 東京大学 オンライン授業・Web 会議ポータルサイト（utelecon）生成ＡＩ（ChatGPT 等）関連情報ページ
https://utelecon.adm.u-tokyo.ac.jp/online/topics/generative-AI
東京大学による生成ＡＩに関する情報がまとめられたポータルサイトです。生徒や教師への対応例、生成ＡＩの教育活用事例など、参考になる情報が豊富に掲載されています。

3. 上智大学「教育における生成ＡＩ 利用に関するガイドラインについて」
https://piloti.sophia.ac.jp/jpn/article/news/%E7%B7%8F%E5%90%88/guideline20231023/
上智大学が提供する生成ＡＩのガイドラインで、授業での使用可否、リスク管理、不正行為防止策、課題評価方法などが詳しく解説されています。

4. 文部科学省「生成ＡＩの利用に関するオンライン研修会」
https://www.mext.go.jp/a_menu/shotou/zyouhou/detAIl/mext_02476.html
文部科学省が主催したオンライン研修会のページで、生成ＡＩ活用の方向性や事例を紹介しています。YouTube でのアーカイブ視聴が可能で、研修会で使用された資料も公開されており、教材として利用できます。

「(令和5年7月4日) 初等中等教育段階における生成AIの利用に関する暫定的なガイドライン」より一部引用

3．生成AIの教育利用の方向性

（1）基本的な考え方

- 学習指導要領は、**「情報活用能力」**を**学習の基盤となる資質・能力**と位置づけ、**情報技術を学習や日常生活に活用できるようにすることの重要性**を強調している。このことを踏まえれば、新たな情報技術であり、多くの社会人が生産性の向上に活用している**生成AIが、どのような仕組みで動いているかという理解**や、**どのように学びに活かしていくか**という視点、近い将来**使いこなすための力を意識的に育てていく姿勢**は重要である。
- その一方、**生成AIは発展途上に**あり、**多大な利便性の反面**、個人情報の流出、著作権侵害のリスク、偽情報の拡散、批判的思考力や創造性、学習意欲への影響等、**様々な懸念**も指摘されており、教育現場における活用に当たっては、**児童生徒の発達の段階を十分に考慮**する必要がある（各種サービスの利用規約でも**年齢制限や保護者同意**が課されている）。

- 以上を踏まえ、教育利用に当たっては、**利用規約の遵守**はもとより、事前に**生成AIの性質やメリット・デメリット、AIには自我や人格がないこと、生成AIに全てを委ねるのではなく自己の判断や考えが重要**であることを**十分に理解させる**ことや、発達の段階や子供の実態を踏まえ、**そうした教育活動が可能であるかどうかの見極めが重要**と考えられる。その上で、個別の学習活動での活用の適否については、学習指導要領に示す**資質・能力の育成を阻害しないか、教育活動の目的を達成する観点で効果的か否かで判断**すべきである（生成AIの性質等を理解できない段階、学習目的達成につながらない、適正な評価の阻害や不正行為に繋がる等の場合は活用すべきでない）。こうした判断を適切に行うためには**教師の側にも一定のAIリテラシー**が必要である。
- また、忘れてはならないことは、真偽の程は別として手軽に回答を得られるデジタル時代であるからこそ、根本に立ち返り、**学ぶことの意義についての理解を深める指導が重要となる。**また、人間中心の発想で生成AIを使いこなしていくためにも、**各教科等で学ぶ知識や文章を読み解く力**、物事を批判的に考察する力、問題意識を常に持ち、問を立て続けることや、その前提としての**「学びに向かう力、人間性等」の涵養がこれまで以上に重要**になる。そうした教育を拡充するためには、**体験活動の充実**をはじめ、教育活動における**デジタルとリアルのバランスや調和**に一層留意する必要がある。

総合的に勘案

① 現時点では活用が有効な場面を検証しつつ、**限定的な利用から始めることが適切**である。生成AIを取り巻く**懸念やリスクに十分な対策を講じることができる一部の学校**において、個人情報保護やセキュリティ、著作権等に十分に留意しつつ、**パイロット的な取組**を進め、**成果・課題を十分に検証**し、今後の**更なる議論に資する**ことが必要である。
② その一方、学校外で使われる可能性を踏まえ、**全ての学校**で、**情報の真偽を確かめること**（いわゆる**ファクトチェック**）**の習慣付けも含め、情報活用能力を育む教育活動を一層充実**させ、**AI時代に必要な資質・能力の向上**を図る必要がある。
③ **教員研修**や**校務での適切な活用**に向けた取組を推進し、**教師のAIリテラシー向上**や**働き方改革**に繋げる必要がある。

4/24

（2）生成AI活用の適否に関する暫定的な考え方

- **子供の発達の段階や実態を踏まえ、年齢制限・保護者同意等の利用規約の遵守を前提に、教育活動や学習評価の目的を達成する上で、生成AIの利用が効果的か否かで判断することを基本とする（特に小学校段階の児童に利用させることには慎重な対応を取る必要がある）。**
- **まずは、生成AIへの懸念に十分な対策を講じられる学校でパイロット的に取り組むことが適当。**

利用規約：ChatGPT…13歳以上、18歳未満は保護者同意　Bing Chat…成年、未成年は保護者同意　Bard…18歳以上

1．適切でないと考えられる例　※ あくまでも例示であり、個別具体に照らして判断する必要がある

① **生成AI自体の性質やメリット・デメリットに関する学習を十分に行っていない**など、情報モラルを含む**情報活用能力が十分育成されていない段階において**、自由に使わせること
② **各種コンクールの作品やレポート・小論文**などについて、**生成AIによる生成物をそのまま自己の成果物として応募・提出**すること
（コンクールへの応募を推奨する場合は応募要項等を踏まえた十分な指導が必要）
③ 詩や俳句の創作、音楽・美術等の表現・鑑賞など**子供の感性や独創性を発揮させたい場面、初発の感想を求める場面**などで**最初から安易に使わせる**こと
④ **テーマに基づき調べる場面**などで、教科書等の**質の担保された教材を用いる前に安易に使わせる**こと
⑤ 教師が正確な知識に基づきコメント・評価すべき場面で、教師の代わりに**安易に生成AIから生徒に対し回答させる**こと
⑥ **定期考査や小テストなどで子供達に使わせること**（学習の進捗や成果を把握・評価するという目的に合致しない。CBTで行う場合も、フィルタリング等により、生成AIが使用しうる状態とならないよう十分注意すべき）
⑦ 児童生徒の学習評価を、**教師がAIからの出力**のみをもって行うこと
⑧ 教師が専門性を発揮し、人間的な触れ合いの中で行うべき教育指導を実施せずに、安易に生成AIに相談させること

2．活用が考えられる例　※ あくまでも例示であり、個別具体に照らして判断する必要がある

① 情報モラル教育の一環として、**教師が生成AIが生成する誤りを含む回答を教材として使用し、その性質や限界等を生徒に気付かせること。**
② 生成AIをめぐる社会的論議について生徒自身が主体的に考え、議論する過程で、その素材として活用させること
③ **グループの考えをまとめたり、アイデアを出す活動の途中段階**で、生徒同士で一定の議論やまとめをした上で、**足りない視点を見つけ議論を深める**目的で活用させること
④ **英会話**の相手として活用したり、より**自然な英語表現への改善**や一人一人の興味関心に応じた単語リストや例文リストの作成に活用させること、外国人児童生徒等の日本語学習のために活用させること
⑤ 生成AIの活用方法を学ぶ目的で、自ら作った文章を生成AIに修正させたものを「たたき台」として、自分なりに何度も推敲して、より良い文章として修正した過程・結果をワープロソフトの校閲機能を使って提出させること
⑥ 発展的な学習として、**生成AIを用いた高度なプログラミング**を行わせること
⑦ 生成AIを活用した問題発見・課題解決能力を積極的に評価する観点からパフォーマンステストを行うこと

5/24

（4）パイロット的な取組（一部の学校が対象）

- 保護者の十分な理解の下、生成AIを取り巻く懸念やリスクに十分な対策を講じることができる学校において、透明性を確保して**パイロット的に取組を推進**し、知見の蓄積を進めることが必要(※)

(※)あくまでもパイロット的取組であり、全国展開を前提とするモデル事業ではない

✓ **例えば、以下のような大まかな活用ステージも意識しつつ、情報活用能力の一部として生成AIの仕組みの理解や生成AIを学びに活かす力を段階的に高めていくことが考えられる。**

① **生成AI自体を学ぶ段階**（生成AIの仕組み、利便性・リスク、留意点）

② **使い方を学ぶ段階**（より良い回答を引き出すためのAIとの対話スキル、ファクトチェックの方法 等）

③ **各教科等の学びにおいて積極的に用いる段階**（問題を発見し、課題を設定する場面、自分の考えを形成する場面、異なる考えを整理したり、比較したり、深めたりする場面などでの生成AIの活用 等）

④ **日常使いする段階**（生成AIを検索エンジンと同様に普段使いする）

※ 子供の実態に応じて、②や③を往還したり、②③を行いながら、①に関する理解を更に深めていくことも考えられる。
※ 上記の取組に当たっては、生成AIに対する懸念に正面から向き合い、思考力を低下させるのではなく、高める使い方をする、創造性を減退させるのではなく、更に発揮させる方向で使用できるようにすることが期待される。また、併せて、生成AIを用いれば簡単にこなせるような、旧来型の学習課題の在り方やテストの方法を見直すことも期待される。
※ 生成AIを利用する際には、利用料の有無を確認し、保護者の経済的負担に十分に配慮して、生成AIツールを選択することが必要。

※ 主な生成AIツールの規約及び設定、子供の発達の段階や特性を踏まえると、上記のような取組は当面中学校以上で行うことが適当である。小学校段階では、情報モラルに関する教育の一環として、教師が授業中に生成AIとの対話内容を提示するといった形態が中心になると考えられる。

※ 利用規約：ChatGPT…13歳以上、18歳未満は保護者同意　Bing Chat…成年、未成年は保護者同意　Bard…18歳以上

10/24

（5）生成AIの校務での活用（準備が整った学校での実証研究を推進）

- 民間企業等と同様、個人情報や機密情報の保護に細心の注意を払いながら、業務の効率化や質の向上など、**働き方改革の一環として活用**することが考えられることから、教員研修など準備が整った学校での実証研究を推進し、多くの学校での活用に向けた実践例を創出。
- 教師自身が新たな技術に慣れ親しみ、利便性や懸念点、賢い付き合い方を知っておくことが、近い将来に**教育活動で適切に対応する素地を作る**ことにも繋がる。

✓ **生成AIはあくまで「たたき台」としての利用であり、最後は教職員自らがチェックし、推敲・完成させることが必要であることは言うまでもない。**

校務での活用例

児童生徒の指導にかかわる業務の支援
- 教材のたたき台
- 練習問題やテスト問題のたたき台
- 生成AIを模擬授業相手とした授業準備

学校行事・部活動への支援
- 校外学習等の行程作成のたたき台
- 運動会の競技種目案のたたき台
- 部活動等の大会・遠征にかかる経費の概算
- 定型的な文書のたたき台

学校の運営にかかわる業務の支援
- 報告書のたたき台
- 授業時数の調整案のたたき台
- 教員研修資料のたたき台
- HP等広報用資料の構成・たたき台
- 挨拶文や式辞等の原稿のたたき台

外部対応への支援
- 保護者向けのお知らせ文書のたたき台
- 外国籍の保護者へのお知らせ文書の翻訳のたたき台

11/24

参考文献

※本項は「福原将之（2023 Oct 1）．特集記事1 生成ＡＩのトリセツ～ＡＩ教育の幕開け，shuTOMO 第18号（２０２３年10月１日発行）」を編集・追記したものです。

14 Mark Allen Cu, &Sebastian Hochman (2023, Jan 22). Scores of Stanford students used ChatGPT on final exams, survey suggests. *The Stanford Daily*. https://stanforddaily.com/2023/01/22/scores-of-stanford-students-used-chatgpt-on-final-exams-survey-suggests/（参照 2024, Mar 26）

15 Alessandro Pegoraro, Kavita Kumari, Hossein Fereidooni, & Ahmad-Reza Sadeghi (2023, Apr 5). To ChatGPT, or not to ChatGPT: That is the question! arXiv:2304.01487 https://arxiv.org/abs/2304.01487

16 株式会社ＭＭ総研（2023, Jun 6）．日米企業のChatGPT利用率に開き「日米企業におけるChatGPT利用動向調査」（2023年5月末時点） https://www.m2ri.jp/release/detail.html?id=580（参照 2024, Mar 26）

17 岡部一詩（2023, Apr 24）．「ChatGPTの利用前提に全てを見直す方向へかじを切る」，東京大学の太田副学長，日経クロステック，https://xtech.nikkei.com/atcl/nxt/column/18/02423/042300009/（参照 2024, Mar 26）

18 文部科学省 初等中等教育局（2024, Jul 4）．（令和５年７月４日）初等中等教育段階における生成ＡＩの利用に関する暫定的なガイドライン，文部科学省 https://www.mext.go.jp/content/20230710-mxt_shuukyo02-000030823_003.pdf（参照 2024, Mar 26）

19 日本経済新聞（2023, Dec 2）．「授業に生成ＡＩ」大学の３割開始，使う力育む 日経調査 https://www.nikkei.com/article/DGXZQOUE1362O0T11C23A1000000/（参照 2024, Mar 26）

20 個人情報保護委員会ホームページ，何歳以下の子どもについて，同意をしたことによって生ずる結果を判断できる能力を有していないものとして，法定代理人等から同意を得る必要がありますか。 https://www.ppc.go.jp/all_faq_index/faq1-q1-62/（参照 2024, Mar 26）

21 福原将之（2023 Oct 1）．特集記事1 生成ＡＩのトリセツ～ＡＩ教育の幕開け，*shuTOMO* 第18号（２０２３年10月１日発行）

第三章

生成ＡＩを活用した新しい教育

◆先進事例の紹介とその可能性

聖徳学園中学・高等学校「批判的思考・論述力を高める授業」

事例～聖徳学園中学・高等学校　社会科　新宿仁洋先生

STEAM教育の先進校：聖徳学園中学・高等学校

聖徳学園中学・高等学校（以下、聖徳学園）は、２０２１年にApple Distinguished Schoolの認定を受けるなど、STEAM教育の先進校として知られています。STEAM教育とは、Science（科学）、Technology（技術）、Engineering（工学・ものづくり）、Art（芸術・アート）、Mathematics（数学）の5領域を統合した教育方法を指します。多くの人々がSTEAM教育と聞くと、「プログラミングやロボットを用いた学び」と結びつけるかもしれません。確かに聖徳学園ではそのような学びも実践していますが、それだけにとどまりません。「課題をこなすこと」よりも「独自の作品創出」を重視し、教科の枠組みを超えた「一つの正解が存在しない問い」に対して、生徒たちは様々なICTツールを活用して授業での創作活動に挑戦しています。美術での制作と同じく、作成したい作品に合わせて最適なICTツールを選択することが聖徳学園の特色です。例えば、生徒が自由に教科や単元を選び、ワンポイントレッスン動画を作成する授業においては、動画編集アプリ「Clips」、「iMovie」、「Adobe Premiere Rush」から選択することが可能です。

このように先進的なＩＣＴの活用とSTEAM教育を推進する聖徳学園では、ＡＩ教育の領域においても先駆的な取り組みを展開しています。この度、社会科の新宿仁洋先生に、ChatGPTを活用した「批判的思考力と論述力の向上」を目的とした授業に関するインタビューを行わせていただきました。

ChatGPTを活用した批判的思考・論述力を高める授業

聖徳学園の社会科教師、新宿仁洋先生は、レポートなどの文章作成時における日本語の運用力を向上させるにはどうすればよいか、長らく考えていました。新宿先生は、問われていることを正確に理解し、論理的な文章を作成するためには、誤文を批判的に検証し、生徒自身が添削する練習が不可欠だと感じていました。しかし、生徒たちの学習に適切な誤文を提供することは容易ではなく、その実践を見送っていたのです。

そんな中、新宿先生はある日、Ｘ（旧Twitter）でChatGPTが生成した文章の誤文に関する投稿を目にしました。投稿は「入試の論述問題の解答としては、ChatGPTの回答は不正確な部分が多い」という内容でした。これを見て新宿先生は、「ChatGPTを活用すれば生徒の学習用の誤文を作成できるのではないか」というアイディアを得たのです。

新宿先生が開発した「批判的思考と論述力向上の授業」は、高校2年生向けの地理総合「中東とアフリカ」の単元で以下の手順で実施されます。

1. 生徒たちに論述形式の入試問題を提示し、自らの知識と理解をもとに解答を試みます。答えのプロット（構成・下書き）ができたら、グループに分かれ他の生徒とプロットの共有を行います（所要時間：10～15分）。

- 例題：20世紀以降のブラジルにおける農業生産の変化と、それが社会に及ぼしている影響について、以下の語句を全て用いて、200字以内で説明しなさい。（語句：アグリビジネス　カンポ・セラード　ファベーラ）
- 最初の5分は何も参照せずに解答を試みますが、その後、教科書や資料集の使用を許可します。生徒たちの意欲を刺激するため「高校3年生でもなかなか難しいよ」といった声がけを行います。

2. 同じ入試問題に対するChatGPTの回答（図8）を生徒たちに提示し、その回答に潜む問題点を探る活動を行います（所用時間：10分）。

- 生徒に「ChatGPTの回答は完璧だと思いますか?」と問い掛け、生徒たちの自由なディスカッションを促します。
- 生徒からの意見や指摘を受け止め、肯定的なフィードバックを交えて、生徒たちの心にある「ChatGPTは完璧」という先入観を修正していきます。

3. 生徒はグループごとに分かれ、ChatGPTの回答についてディスカッションを行いながらその内容を添削します（所用時間：20～25分）。

chatGPT先生の回答

20世紀以降、ブラジルの農業生産はアグリビジネスの台頭とカンポ・セラードの拡大によって大きく変化しました。アグリビジネスは大規模な農業企業による経営を指し、近代的な農業技術と市場志向のアプローチを採用して生産性を向上させました。これにより、ブラジルは世界的な農産品供給国となり、経済に寄与しました。

一方で、カンポ・セラード（セラード地域）では、伝統的な小規模農業が大規模な農業企業に押しやられる一方で、土地の過剰開発と環境問題が顕在化しました。これは社会的不平等や地域格差を拡大させました。

また、ファベーラ（貧困地区）の住民は、農業の変化に直接的な影響を受けず、貧困と社会的排除の問題に直面しました。アグリビジネスの成長は、地域間の不均衡を強調し、ファベーラの住民にとっては経済的な機会へのアクセスが限られています。

このように、ブラジルの農業変革はアグリビジネスの成功とカンポ・セラードの課題を同時に生み出し、社会的な不平等と環境問題に影響を及ぼし、ファベーラの住民には社会的経済的な挑戦をもたらしています。

図8　ChatGPTの回答。一見正しそうに見えますが、指定字数を大幅に超過しており、解答に不要な部分や日本語の運用の誤りが多く見られます。

●グループ活動のミッションは「ChatGPT の回答例を添削し、理想的な解答例に修正しよう」です。生徒集団にミッションを与えることで、生徒たちは単に受け身の学習ではなく、主体的に取り組むことが期待されます。

●ディスカッションはグループ単位で進められる一方、添削作業は各生徒が個別に行います。

●生徒が個別に添削した内容は、ＩＣＴツールを活用して先生へと提出されます。

4. グループごとに添削内容のヒアリングを実施し、クラス全体で共有します。

5. 授業が終了した後、先生は生徒たちから提出された添削資料を確認し、詳しいフィードバックを返します。

●特に重要なポイントについてのフィードバックは、次回の授業開始時にクラスで取り上げ、共有します。

●提出された添削の中には誤りもありますが、同時にそれは生徒の成長の機会となります。生徒にその根拠を尋ね、そのフィードバックをもとに適切な方法を提示します。

新宿先生の先進的な授業、いかがでしたでしょうか。生成ＡＩの出現とともに、生徒たちの文章力低下が心配される昨今。しかし、その生成ＡＩを適切に利用することで、従来難しかった「論理力を高めるための誤文」の作成が容易になり、生徒たちの批判的思考や論述力を向上させる新しい授業が実現しました。テクノロジーはその使い方によって、学習の障壁とも、助け手ともなるのです。教育者の皆様は、新宿先生の授業を参考に、テクノロジーを学びの良きパートナーとして活用を検討してはいかがでしょうか。

聖徳学園中学・高等学校の今後の生成ＡＩ対応

聖徳学園では、これまで新宿先生を始め、一部の先進的な先生方が生成ＡＩを授業に取り入れる実践を行ってきました。しかし、生成ＡＩの持つ潜在的な力と影響の大きさを踏まえ、今後は学校全体での導入を進める方針を策定しています。具体的な取り組みとして以下のような動きが考えられています。

1. 学校独自の生成ＡＩガイドラインの作成

学校独自の生成ＡＩガイドラインを策定するための委員会を発足します。文部科学省の生成ＡＩガイドラインは一般的なものであり、各学校の実情に応じたカスタマイズが必要です。この点を踏まえ、基本として文部科学省のガイドラインを参考にしつつ、聖徳学園に適したガイドラインの策定を進めます。

写真１ 新宿先生の授業風景。生徒たちの活発なディスカッションが繰り広げられています。

2. 教員向けの研修を実施

学校独自の生成ＡＩガイドラインの内容を全教員に浸透させ、必要とされるＡＩリテラシーを習得するための研修を実施します。参加は全教師に義務付けられる予定です。

3. 生徒・保護者向けの動画を作成

学校の生成ＡＩガイドラインを分かりやすく解説した動画を作成し、保護者と生徒に提供します。

4. 生成ＡＩ活用許可の取得

18歳未満の生徒が生成ＡＩを使用する際には保護者の同意が必要です。そのため、高校生全員の保護者からの許可を一斉に取得します。聖徳学園は中高一貫校のため、高校での導入が順調に進む場合、中学校でも同様の取り組みを検討する予定です。

以上の取り組みを通じて、聖徳学園では生成ＡＩの導入を全面的に進める方向で検討しています。学校全体での生成ＡＩ導入を検討される際は、ぜひ聖徳学園の事例を参考にしてみてください。

お茶の水女子大学附属中学校「生成ＡＩを活用した国語科授業の開発」

事例～お茶の水女子大学附属中学校　国語科　渡邉光輝先生

自主自律の精神を育むお茶の水女子大学附属中学校の教育

お茶の水女子大学附属中学校（以下、お茶中）は、東京都文京区大塚に位置する男女共学の国立中学校です。戦後の新制中学校発足時に共学化され、現在では男女比が約１：２となっています。お茶中の教育目標は、「自主自律の精神を持ち、広い視野で行動する生徒の育成」にあります。１９７８年から続く独自の教育カリキュラム「自主研究」は、この教育目標をよく体現した内容となっています。生徒は自分の関心あるテーマを選び、独自の方法で自主研究を進めていきます。まず1年生で興味・関心を見つけ、探究方法を学び、2年生では自設課題を発展させ、先輩や教師の指導を受けながらポスター発表を行います。そして3年生では、2年間の研究を完成させ、大学講堂での発表会や生徒祭で成果を披露し、研究集録にまとめます。自主研究のテーマは幅広く、時には学外の大学や組織と連携することも珍しくありません。例えば、「アレルギー対応食材を使ったお菓子作り」のテーマで研究し、生徒たちが開発したレシピが、学内のこども園でおやつとして提供されたこともあります。これらの活動を通じ、生徒たちは課題追求力、学習意欲、論理的思考力を養っています。

お茶中では、自主自律の精神を育むために最新の技術を取り入れた教育も行っています。具体的には、国語科の渡邉光輝先生が「中学校国語科における生成ＡＩを活用した授業の開発」に取り組んでおり、この研究成果は全国大学国語教育学会の第145回信州大会で発表されました[22]。このインタビューでは、渡邉先生の先進的な教育アプローチについて紹介します。

ブルーム・タキソノミーを用いたChatGPTの特性分析

お茶の水女子大学附属中学校の国語科教諭、渡邉光輝先生は、国語科におけるChatGPT活用の研究に精力的に取り組んでいます。渡邉先生は、「生成ＡＩが私たちの生活に大きな影響を与える」と直感し、「ChatGPTはこれからの生活で必要不可欠なツールであり、その向き合い方を学ぶべき」と考えていました。過去にはフェイクニュースを教材として採用してきた経験もあり、ChatGPTの導入もその延長と位置づけています。しかし、初めてChatGPTを使った際、その回答の不正確さがYahoo!知恵袋に似ていると感じ、授業での使用は難しいと思ったそうです。それでも、ＳＮＳで目にした「歌詞を～風に書き換える」というChatGPTの言語造作の使用例に触発され、国語教育への活用の可能性を見出しました。

渡邉先生はChatGPTの活用法を研究するにあたり、「改訂版ブルーム・タキソノミー」を用いた分析を行いました（図９）。このタキソノミーは、教育の目標を「想起」「理解」「応用」「分析」「評価」「創造」という６つの認知レベルに分類する、教育界で広く用いられる体系です。例えば、「想起」は知識や情報の記憶と回想の

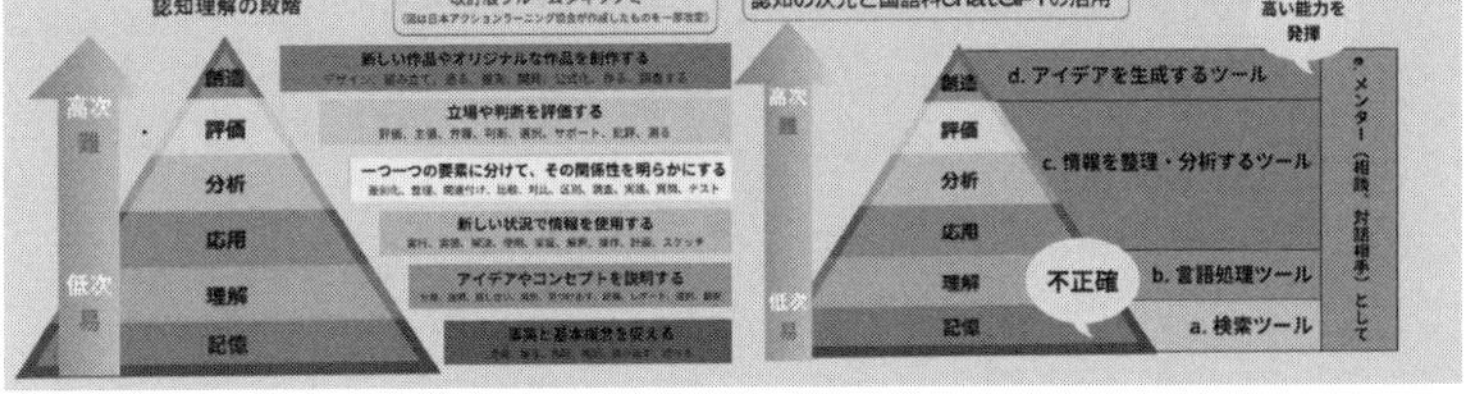

図９ 改訂版ブルーム・タキソノミーと国語科におけるChatGPT活用の比較。渡邉先生の研究発表資料*より引用。

能力を、一方「創造」は新しいアイディアや情報を生み出す能力を指します。

渡邉先生は、ChatGPTを改訂版ブルーム・タキソノミーに照らし合わせた際、人間の認知プロセスと比較して、ChatGPTの特異な特性が顕著になるといいます。まず、ChatGPTは特に「想起」の領域での精度が低いことが分かります。これは、ChatGPTが「検索ツール」として使用された際に不正確な情報を提供することが起因しています。一方で「分析」「評価」「創造」といった高次の認知活動では、ChatGPTの能力はとても優れていることが分かります。

この分析を踏まえ、渡邉先生はChatGPTが特に「分析」「評価」「創造」の領域で真価を発揮すると考え、AIの思考過程を生徒が追うことで国語教育に活用できると考えました。この発想に基づき、渡邉先生は2つの具体的な授業実践を開発しました。

授業実践1 読むこと（詩の読解と鑑賞）「春よ、来い」

渡邉先生のChatGPTを用いた国語授業の実践事例1は、松任谷由実の「春よ、来い」を題材にした詩の読解と鑑賞の授業です。生徒たちはまず詩を読み、詩中の「君」という人物がどのような人物かを文脈から想像し解釈します。その後、ChatGPTに同じ課題を与え、その解釈を比較することで、生徒自身の解釈を深めていきます。授業は二時間に分けて行われました。最初の時間では、「春よ、来い」の「君」について生徒たちが自身で考えを深めます。続く二時間目では、ChatGPTによる「春よ、来い」の解釈を取り入れ、それを基に生徒たちが自身の解釈を比較し、さらに深めます。二時間目の流れは以下の通りです。

1. 導入：ChatGPTの基本的な機能と、その回答が必ずしも正確でないことを紹介します。例えば、「お茶の水女子大学附属中学校を舞台にした恋愛小説を書いて」というリクエストに対するデモンストレーションや、「お茶の水女子大学附属中学校はどんな学校か」と質問した際の生成結果を示します。

2. デモ：「春よ、来い」の「君」についての解釈をChatGPTに質問し、生成された回答をスクリーンに投影して、ＩＣＴツールを用いて生徒と共有します。

3. ワーク：生徒たちはChatGPTの解釈を参考に、自分の解釈をさらに深めます。これには、ChatGPTの解釈に反論したり、補足したりする方法があります。また、生徒たちはChatGPTを国語の授業にどのように活用できるかについて、自身の考えをまとめます。

渡邉先生によれば、ChatGPTを詩の解釈に取

詩の中で、「君」は過去に詩の作者と親密な関係を持っていた人物であり、彼らが過ごした美しい思い出や感情の象徴として描かれています。この詩は恋愛をテーマにしていると考えられ、二人の間には深い愛情があったものの、現在は離れているか、あるいは状況が許さないために一緒にいられない状態であると思われます。

詩の作者は、「君」に対して未だ強い感情を持っており、彼らとの再会や関係の復活を切望しています。春の情景が繰り返し言及されており、春は新しい始まりや再生を象徴しているため、作者は「君」との再会や未来への期待を春に託していると解釈できます。

また、詩の中で沈丁花が言及されていることから、この花が二人の関係や思い出の象徴としても重要な役割を果たしていると考えられます。沈丁花の香りが流れることで、作者は「君」との過去を思い出し、現在の切なさや寂しさを感じます。

詩の繰り返される「春よ」というフレーズは、「君」と再会する未来の春を夢見ており、その夢が詩の作者の心の支えとなっていることを示しています。この詩全体を通して、作者は「君」への深い愛と未来への期待を表現しています。

図10 授業実践１で使用されたプロンプト「以下「春よ、来い」の詩の中の「君」はどんな人物だと考えられますか？もっと具体的に教えてください」に対するChatGPTの回答例の一部。

り入れることで得られる利点は大きく3つあります。第一に、ChatGPTは異なる視点を提供することで、生徒たちの創造的な思考を刺激し、新たな視点やアイデアを生み出す手助けをします。ChatGPTの予想外の解釈が、生徒の発想を広げます。第二の利点として、ChatGPTは広範囲の知識を提供することが挙げられます。大量のデータから学習したChatGPTは、詩の背景にあるテーマや意図、象徴的な要素に関する洞察を提供し、詩の理解を深めるヒントを生徒に与えてくれます。最後に、ChatGPTを用いることで批判的思考が養われるという点があります。ChatGPTの解釈と自身の解釈を比較することで、生徒は自分の解釈の限界や新たな視点を認識する機会を得ます。これは、情報を批判的に捉える姿勢を育成する上で重要なプロセスです。このようにChatGPTの活用は、詩の解釈を深め、思考力を高めるための有効な手段となることが分かります。

授業実践2　書くこと（伝統的な言語文化）「枕草子」

渡邉先生のChatGPTを活用した授業実践2は、伝統的な言語文化である「枕草子」を題材にした授業です。この授業は次のように構成されています。

- 1時間目：「枕草子」の基本的な内容について学びます。その冒頭部分を音読し、その味わいを深く理解します。
- 2時間目：枕草子」に登場する「うつくしきもの（かわいらしいもの）」についてのディスカッションを行います。また、生徒たちが自分自身で感じ取った「かわいらしいもの」を選び、それについての随筆を書きます。
- 3時間目：ChatGPTに同様の課題を与え、「AIが『かわいい』と判断する基準は人間のそれとどう異なるか」、「そこから何を学ぶことができるか」という問いを生徒たちに投げかけ、ディスカッションを行います。また、清少納言の表現を模倣したChatGPTの発想法から得られる学びについて考察します。

- 4時間目：3時間目で得た知見をもとに、生徒たち自身が「物づくし（ものを列挙していくスタイルの随筆文）」を書きます。

渡邉先生は、「ChatGPTが提示する『かわいらしいもの』に焦点を当てた授業と、それに関するクラスディスカッションは、生徒たちの創造性を大いに刺激し、生徒たちの自己表現を深める貴重な機会となりました。この授業を通じて、生徒たちはＡＩにはない、人間特有の感性や視点の重要性を理解しました。そして、それらを自分たちの表現に取り入れようとする意欲を高めていました」と述べています。

画像生成ＡＩを活用した漢詩の授業

渡邉光輝先生は、ChatGPTだけでなく、画像生成ＡＩを用いた授業実践にも力を入れています。例えば、オンラインのグラフィックデザインツール「Canva」に組み込まれた画像生成ＡＩを活用し、

あなたは中学生です。国語の授業で、以下の文章を読みました。

かわいらしいもの。瓜に描いてある幼い子どもの顔。すずめの子が、人がねずみの鳴きまねをすると飛び跳ね てやって来る様子。二、三歳ぐらいの子どもが、急いではってくる途中に、ほんの小さなほこりがあったのを目 ざとく見つけて、とても愛らしい指でつまんで、大人などに見せた様子は、たいそうかわいらしい。髪型を尼の ように肩の高さで切りそろえた髪型である子どもが、目に髪がかぶさっているのをかきのけることもしないで、首をかしげて何かを見ているのなども、かわいらしい。

その後、この文章を参考に、複数の「かわいらしいもの」をいくつか取り上げた文章をかいてください。ただし、この文章で取り上げられている「かわいらしいもの」は使わないようにしてください。書き出しは「かわいらしい もの。」から始めてください。

図11 授業実践2で使用されたプロンプト例。

漢詩の内容をビジュアル化する授業を開発しました。この授業では、生徒たちが自分の好きな漢詩を選び、その内容を画像として表現します。

画像生成ＡＩは、入力されたテキストに基づいて画像を自動生成する技術です。たとえば、「川がある」という指示を出しても、川の大きさや形状を明確に指定しなければ、ＡＩは適切な画像を生成できません。この授業では、生徒たちは漢詩の内容をどのようにＡＩに伝え、具体化するかを考えながら、何度も試行錯誤を重ねてイメージを作成します。このプロセスを通じて、生徒たちは漢詩の理解を深め、言語表現に関して能動的な学びを経験します。生徒たちは「春暁」や「春望」といった漢詩を選び、ビジュアル化する活動に楽しみながら取り組みました。

中学生目線で文部科学省の生成ＡＩガイドラインを考える授業

渡邉先生は、生成ＡＩの教育への活用について

写真２　渡邉先生による画像生成 AI を活用した漢詩の授業の様子。

次のように考えました。「生徒たちは将来的に生成ＡＩを日常的に使用するようになるでしょうが、その際に生徒たちが安易にＡＩの回答をコピペするだけの使い方をしないようにするためには、どのような対策が必要か考えました。生成ＡＩを単なる手抜きツールとしてではなく、自分の能力を高めるためのツールとしてどう活用できるかが重要です。そのために、文部科学省の生成ＡＩガイドラインを題材に、生徒たち自身で生成ＡＩの使い方について考える授業を行いました」と説明しています。

この授業は2時間連続で行われ、文部科学省の生成ＡＩガイドラインと、それに関する新聞記事を基にしています。授業の流れは以下の通りです。

● 一時間目：「文部科学省の生成ＡＩガイドラインの理解」に焦点を当てた授業

▼ 生徒たちはまず、文部科学省の生成ＡＩガイドラインについて何を期待しているかを予想し、ＩＣＴツールを使ってクラス全体で予想を共有する（10分）。

▼ 次に、教師がガイドラインの内容を詳しく解説し、生徒たちは自分でガイドラインを読み込む（30分）。

▼ 最後に、ガイドラインの内容に関して、ＩＣＴツールを使用し、自分たちの予想と比較して「良かった点」「悪かった点」「違った点」「よ

春眠　孟浩然
春眠暁を覚えず
処処啼鳥を聞く
夜来風雨の声
花落ちること知る多少
国破れて山河在り
城春にして草木深し
時に感じて花にも涙を濺ぎ
別れを恨んで鳥にも心を驚かす
烽火三月に連なり
家書万金に抵る
白頭掻けば更に短く
渾べて簪に勝えざらんと欲す

図12　画像生成AIを活用した漢詩授業における生徒たちの作品例。左側の作品は「春暁」を、右側の作品は「春望」を題材にしています。

く分からなかった点」に分けてディスカッションを行う（10分）。

● 二時間目：「新聞記事の批評と投書作成」に焦点を当てた授業

▼ まず、読売新聞、朝日新聞、日本経済新聞が報じた文部科学省の生成ＡＩガイドラインに関する記事を読み比べ、その感想を話し合う（25分）。

▼ その後、生徒たちは自分が最も関心を持った新聞社に投書する形式で、３００〜１０００文字程度の文章を作成し、それを提出する（25分）。

渡邉先生は、文部科学省の生成ＡＩガイドラインに関する授業を振り返り、多くの生徒たちが「文部科学省が生成ＡＩを意外にも肯定的に捉えている」と感じていたと言います。渡邉先生によると、生徒たちは「中学生や高校生の間は生成ＡＩの使用が禁止されるだろう」と予想する声が多かったそうです。また、生徒たちは、生成ＡＩの活用を肯定的に扱う新聞の見出しに対して好感を持っていたとのこと。この授業を通じて、生徒たちは生成ＡＩに対する多様な視点と社会の動向について理解を深めたようです。

渡邉先生は、生徒たちが生成ＡＩを日常的な課題解決ツールとして自然に活用する未来を見据え、引き続き多角的な観点から生成ＡＩを取り入れた授業の開発に力を注いでいく予定です。渡邉先生の今後の研究活動とその実践にぜひご注目ください。

山脇学園中学校・高等学校「ChatGPTを活用した英語ライティング教育」

事例～山脇学園中学校・高等学校　英語科　岩永洋輔先生

社会で生き生きと活躍する女性リーダーの育成：山脇学園中学校・高等学校

山脇学園中学校・高等学校（以下、山脇学園）は、東京都港区赤坂に位置する私立中高一貫校の女子校です。「社会で生き生きと活躍する女性リーダーの育成」を教育目標に掲げる山脇学園は、未来社会での活躍に不可欠な「総合知」の育成に力を入れています。

例えば、山脇学園は探究活動に特化した施設「ラーニングフォレスト」を２０２２年に新設しました。この新施設では、豊富な6万冊の蔵書やグループワークの効率を高める協働エリア、プレゼンテーションに最適なステージなどが完備されています。生徒たちはこの充実した施設を活用して、ビジネスコンテストへの参加や、SDGsや平和をテーマにした探究、さらには自分たちの進路や興味・関心に基づいた探究活動を精力的に行っています。またグローバル英語教育では、単に語学力を高めるだけではなく、国際社会での活躍に必要なコミュニケーション能力や文化的理解を深めるための様々なプログラムが充実しています。ネイティブの教師による4技能（読む・書く・聞く・話す）を重視した授業はもちろんのこと、「グローバル協働探究プログラム」

では、海外の優秀な生徒とオンラインで連携し、協働で動画プロジェクトを完成させるといった実践的な活動を通じて国際人としての資質を高めています。そしてサイエンス教育では、通常の理科授業に加えて、週に一度「サイエンティストの時間」と称される特別な授業が実施されています。基本的な実験操作からデータ分析、そして洞察力や表現力を高めるまでの一連の探究活動を通じて、生徒たちは科学者としての基礎的な素養を磨く機会を得ています。

このように山脇学園は探究活動、グローバル英語教育、サイエンス教育に注力する一方で、未来社会のテクノロジーの先駆けとして早期から生成ＡＩの導入も積極的に行なっています。今回はグローバル教育部主任で英語科副主任である岩永洋輔先生にご協力いただき、生成ＡＩを活用した英語教育に関するインタビューを行わせていただきました。

ChatGPT を活用した英語のライティング教育

山脇学園の英語科教師、岩永洋輔先生はかつてＩＴ企業での勤務経験を持ち、生成ＡＩに早くから注目していました。特に２０２２年末に登場した ChatGPT に対しては、その可能性を直感的に察知し、「英語のライティング学習に活用できる！」と考えました。その直感は的中しました。山脇学園では英語学習において4技能を重視してきましたが、特にライティングにおいては課題を抱えていました。従来は、生徒が作成した英文をネイティブの教師が添削していましたが、人的リソースの制限から十分な量をこなすことが困難でした。そこで、ChatGPT をライティング添削に活用するアプローチが考え出されました。

岩永先生は、ChatGPT の強みを次のように説明します。「ChatGPT は英語のインターネット情報を基に学習しているため、日本語よりも英語を得意としています。生成ＡＩは文法的な誤りを犯すこともありますが、英文添削という点では優れた能力を発揮します。実際に、ライティング添削サービスを提供する企業でも生成ＡＩが使用されはじめています。外部の教育ＩＴ企業がこの技術を活用しているのであれば、学校教育においても生成ＡＩを導入する価値は大いにあるでしょう。」

ChatGPTを活用した英語ライティングの授業は、以下のステップで展開されます。

1. 生徒は指定されたトピックに基づいて、２つの対立する意見を比較し、片方の意見の良い点を３点挙げた英作文と、自身の意見を含めた英作文を15分で書きます。
2. 家庭学習として、生徒は書いた英作文をChatGPTに添削してもらいます。この際、特定のプロンプトを使用します。
3. ChatGPTの添削を基に、自身の英作文を赤ペンで修正し、修正した内容とChatGPTの回答のスクリーンショットを提出します。
4. 修正された内容を暗記し、授業で英語スピーチを行い、その様子を録画して提出します。

岩永先生は、この授業について以下のように述べています。「２０２３年４月の授業開始当初、ChatGPTによる修正が生徒のレベルを超えてしまい、元の文がほとんど残らない事態が多発していました。そこで、

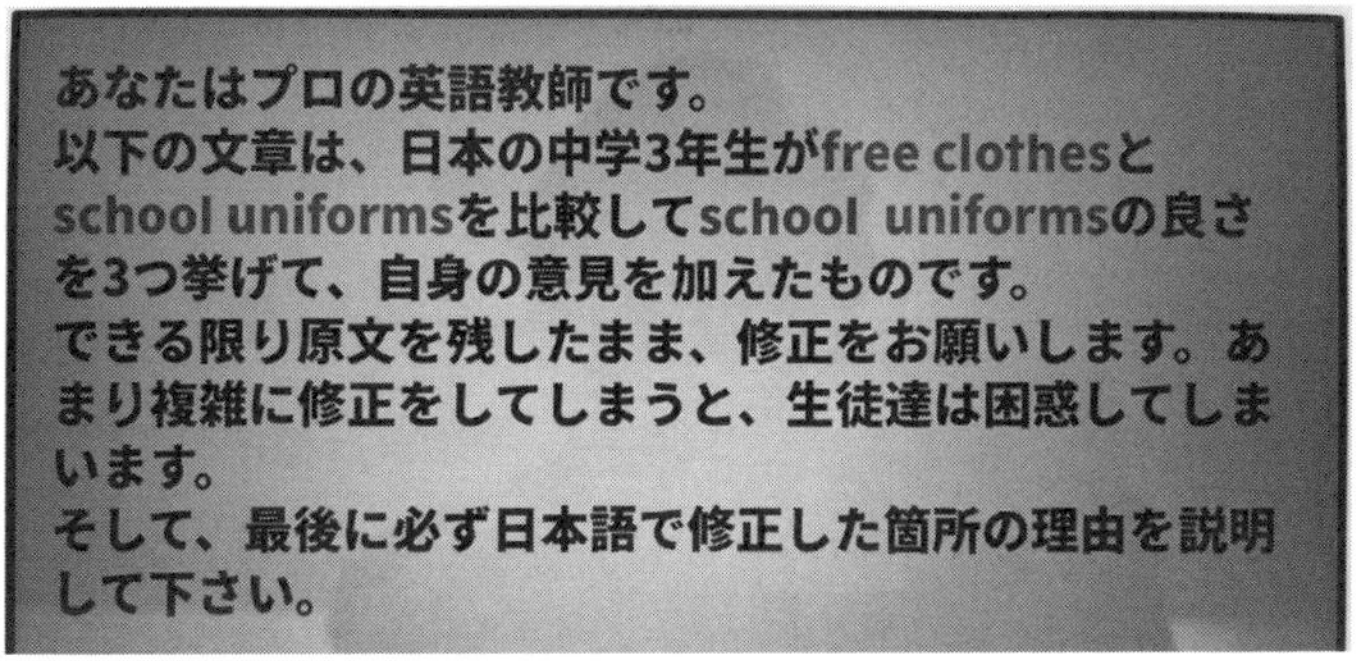
あなたはプロの英語教師です。
以下の文章は、日本の中学3年生がfree clothesとschool uniformsを比較してschool uniformsの良さを3つ挙げて、自身の意見を加えたものです。
できる限り原文を残したまま、修正をお願いします。あまり複雑に修正をしてしまうと、生徒達は困惑してしまいます。
そして、最後に必ず日本語で修正した箇所の理由を説明して下さい。

図13 英語ライティング授業において使用されているChatGPTのプロンプト。ここでは、生徒たちが学校の制服と私服に関する意見をライティングする課題に取り組んでいます。

ChatGPTに『英語教師』としての役割を与え、元の文を可能な限り保持するようプロンプトを修正しました。また、宿題の評価ではChatGPTの添削の質は考慮せず、宿題への取り組み自体を評価しています。」

ChatGPTを「英語教師」として積極的に活用することで、生徒たちの学習へのモチベーションが大幅に向上したそうです。中にはChatGPTに親しみを込めて「ChatGPT先生」と呼ぶ生徒もおり、生成AIが生徒たちの学習への熱意を刺激している様子が伺えます。他にも、いち早くChatGPTからの添削を受けたいがためにライティングの速度を上げる生徒や、ChatGPTから「あなたの解答は素晴らしく、添削する箇所が少ないです」といった褒め言葉を受けて喜ぶ生徒もいるそうです。

岩永先生によれば、ChatGPTの導入が生徒のライティング学習に対するネガティブな印象を減少させ、ほぼ100%の生徒が遅れずに課題を提出するようになったそうです。「生徒たちはライティング学習を面倒くさいものと感じていましたが、ChatGPTの導入により、授業の取り組みと自宅での添削が一連の学習プロセスとなりました。その結果、多くの生徒が

写真3 英語ライティング授業におけるスピーチ録画の提出物を採点し返却した際の写真。画像に映る顔のマークは、生徒が満点を獲得したことを示しています。

『ChatGPTを活用した家庭学習』に意欲的に取り組むようになりました。英検のスコア分析をみると、他の教育要因の影響もあるかもしれませんが、生徒たちのライティングスキルの向上が認められます」と岩永先生は分析しています。

画像生成AIを活用した春休みの課題

岩永先生は、ChatGPTだけでなく、画像生成ＡＩ「Stable Diffusion」を活用した英語学習にも挑戦しています。２０２３年３月、中学２年生を対象にした春休みの課題として、「私の中学３年生」というテーマで画像生成ＡＩを使ったイラスト作成を課しました。この宿題では、生徒たちはポジティブプロンプト（画像に含めたい要素）とネガティブプロンプト（画像に含めたくない要素）を英語で指定します。生徒たちは、これらのプロンプトを駆使して、自分が想像する「私の中学３年生」の姿をイラストとして具現化する課題に取り組みました。

春休み終了後、生徒たちはクラスで自分たちが作成したイラストを共有し、制作意図や成功した点、困難だった点についてプレゼンテーションを行いました。この過程で、生徒たちは画像生成ＡＩの可能性とその難しさを同時に体験しました。例えば、かわいい女の子のイラ

There is always light
behind the clouds.
Key word
Prompt:
Girl having an umbrella, cherry blossom, cloud, sky
Negative prompt:
Bird, pink

図14 課題「私の中学３年生」で、生徒が実際に画像生成AIを用いて作成した作品。

ストを作成しようとした際には、予期せぬ形で6本の指が生えたり、傘を差している生徒のイラストを試みたものの、傘の柄が体に突き刺さるといった予期せぬ出来事も発生しました。また、中には画像生成ＡＩを使って4コマ漫画に挑戦する熱心な生徒もいました。このような体験を通して、生徒たちは新しいテクノロジーに対する興味を深めることができたことでしょう。

山脇学園の今後の生成ＡＩ対応

山脇学園の教頭兼入試広報部長の鎗田謙一先生とＩＣＴ委員会の鈴木弘二先生から、学校の生成ＡＩに関する教育方針についても伺うことができました。鎗田先生は、「社会の動向に合わせて、教育も変革していくべきだと考えています。もし社会が禁止するならそれに従うべきですが、学校は実社会との乖離を避けるべきです。私たちは、生成ＡＩを取り入れながら、教育業界自体も進化させていく必要があると思います。文部科学省の生成ＡＩガイドラインを見ても、文部科学省内にも同様の理解を持つ人々がいることがわかります。」と述べています。

山脇学園では、授業での生成ＡＩの活用に留まらず、教師の業務改善にも生成ＡＩを積極的に取り入れています。例えば、ChatGPT及びそのプラグインを使って、職員会議の文字起こしや議事録の自動作成、さらには生成ＡＩによる作文指導ツールの開発にも着手しています。こうした取り組みを通じて、山脇学園は今後も成長し続けることでしょう。

関東第一高等学校「情報科授業での生成ＡＩ活用法」
事例～関東第一高等学校 田中善将先生、三原直也教頭先生

ＩＣＴ活用が活発な Google for Education 事例校：関東第一高等学校

関東第一高等学校（以下、「関東第一」）は、東京都江戸川区松島に位置する男女共学の普通科高校です。２２３８名の生徒が通う関東第一は、野球、サッカー、バドミントンなどの分野で数多くのプロスポーツ選手を輩出しており、その実績で広く知られています。関東第一は教育面においても目覚ましく、特に生徒一人一人の個性に応じた個別最適化のアプローチとＩＣＴ活用に力を注いでいます。

特にＩＣＴ教育の分野においては、関東第一は Google 社から「Google for Education 事例校」として認定を受けており、高い難易度を誇る Google 認定教育者資格を持つ教師が30名も在籍しています。コロナ禍以前からＩＣＴ教育の推進に力を入れてきた関東第一は、生徒全員に Chromebook を配布し、Google Workspace for Education を導入しています。その結果、Chromebook の利用はほぼ全ての授業で常態化しています。２０２０年の新型感染症流行時には、オンライン授業への移行がスムーズに行われました。

そんなＩＣＴ活用の先進校である関東第一は、生成ＡＩの活用にも早期から着手し、他校にとっての模範と

なっています。今回は、関東第一の情報科教員であり、教育ICTコンサルタント、学校DX戦略アドバイザーとして活動する田中善将先生の「情報Ⅰ」の授業を取材させていただきましたので、その内容を紹介します。

ChatGPTを活用した情報Ⅰの授業

2023年12月、関東第一高等学校の田中先生が行う「情報Ⅰ」の授業を取材しました。授業のテーマは「相関と因果の関係性」で、2時間にわたって進行されました。この授業は、生徒たちが相関と因果の複雑な関係を理解し、批判的思考能力を養うことを目的としています。授業の流れは次の通りです。

【一時間目】

● アイスブレイクとイントロダクション（10分）
● スプレッドシートを使用した相関分析ワーク（10分）
▼ 収入と教育レベルの相関関係を題材にしたワーク
▼ 散布図を作成し、そこから読み取れることをグループでディスカッション
▼ 最小二乗法を使用して散布図の回帰直線と相関係数を導出

写真4 田中先生が担当する情報Ⅰの授業風景。生徒たちはディスカッションやグループワークを行いやすいように、グループ分けされています。

● 「収入と教育レベルの相関関係」に関するグループディスカッション（10分）
▼ 参考として関連論文を紹介
▼ グループでディスカッションを行い、ChatGPTにも意見を求める
▼ グループで話し合った内容をクラス全体で共有

● 相関と因果の関係性について個人の理解をGoogleスライドで表現（10分）
▼ 4種類（直接、間接、偽、相互）の「相関と因果の関係性」について、Googleスライドの図形を活用して概念図を作成
▼ 課題の目的：単なる相関関係に留まらず、背後に潜むさまざまな要因を視覚的に捉え、意識してもらうこと。午後の眠い時間帯を考慮し、文章ではなくクリエイティブなアプローチを採用

【二時間目】

● 経済成長策に関する討論番組の動画視聴（20分）
▼ 課題：動画視聴中、議論されている「相関関係と因果関係の誤解」に対して冷静に気づくこと

● 動画の要点に関する講義（5分）
▼ 先生による「相関関係と因果関係を誤解させる情報」に関する簡潔な解説

● 課題のディスカッションとレポート作成（15分）
▼ 課題：討論番組を相関と因果の観点から評価すること
▼ ChatGPTを用いて意見を求めた場合、そのリンクをレポートに含める
▼ レポートはGoogleドキュメントで作成し、Googleクラスルームに提出

この授業では、ChatGPTが多様な用途で積極的に活用されていました。例えば、ChatGPTによる「相関と因果の関係性」の4種類（直接、間接、偽、相互）に関する解説が、参考資料として共有されていたほか、生徒たちが不明点の解消や英語論文の翻訳・要約にChatGPTを利用していました。特に興味深かったのは、グループディスカッションを充実させるために、生徒たちがChatGPTの意見を参照していたことです。各グループで少なくとも1～2人が、さまざまな目的でChatGPTを活用していました。

生徒たちは様々なICTツールに習熟しており、グループワークやディスカッションを日常的に行っている様子が伺えました。特に後半のディスカッションでは、生徒たちが身振り手振りを交えて熱心に意見交換をしており、グループメンバーに対する説明も活発に行われていました。全体を通じて、生徒たちの高い集中力と積極的な参加が印象的でした。

写真5 グループディスカッションの様子。身振り手振りを交えた活発な議論が繰り広げられており、生徒たちはChatGPTの意見を参考にしながら熱心に話し合っています。

生徒たちの声「ChatGPTをカスタムして自習に役立てています」

授業取材の休憩時間に行った数名の生徒へのインタビューで、関東第一でのChatGPTの使用状況を知ることができました。生徒たちは、2023年4月から特に情報Iや英語の授業でChatGPTを活用し始めて、現在は日常的にChatGPTを使うようになったと教えてくれました。具体的な使用方法について尋ねたところ、生徒たちは「プログラミングの確認テスト作成や数学の証明問題の誤り指摘、国語の要約問題の解説など、様々な科目で利用しています」と回答しました。また、生徒たちの間で流行っている使用法として、「自己紹介の文章をChatGPTに作成させることが人気です」とのことでした。

加えて、ChatGPTの「Custom instructions（カスタム指示）」機能の活用も注目されています。この機能を用いることで、例えば歴史の勉強中に簡単な質問を通じてインターネットから詳細な情報を収集し、自習に大いに活用しているとのことです。ChatGPTの導入から8ヶ月が経過した関東第一では、生徒たちがChatGPTの効果的な使い方や自習法を見つけ出し、それらが次第に定着し熟成している様子が伺えました。

生成AI導入までの経由と今後の展望

授業終了後、田中先生と教頭の三原直也先生に話を伺いました。2022年11月にChatGPTがリリースされた直後、田中先生は情報科の授業や探究学習に教育活用の可能性を感じ、翌月には教職員会議で生成AIを紹介しました。2023年1月から3月にかけて、情報科と探究科がChatGPTの活用法を模索し、4月からは高校一年生を対象に日常的な教育活用の準備が進められました。

教頭の三原先生によれば、「中学高校でのChatGPT導入は当時全国的に例がなく、2023年度に高校一年生の1学年に対して試験的に導入を行いました。当校はICT教育に先進的で、AI教育の導入に必要な基盤がすでに整っていたのが大きな利点でした。4月には生徒と保護者に向けて、ChatGPT導入に関する通知と約30分の説明動画を制作しました」と述べています。三原先生は、「ChatGPTの利用には保護者の同意が必要で、氏名、生年月日、メールアドレスなどの個人情報の提供が伴うため、これらを丁寧に説明しました。また、ChatGPTの利用に納得できないご家庭には、Googleフォームを通じて意見を収集しました」と述べています。当初、870人の生徒中約20人のご家庭がChatGPTの利用に反対していました。しかし、他の生徒たちがChatGPTを有効に活用する様子を目の当たりにした後、多くの生徒が自らの保護者に利用の許可を求めるようになりました。その結果、これらの生徒もChatGPTの利用を開始するケースが増えたといいます。

三原先生は、ChatGPTの授業活用に関して次のように述べています。「教科によってはChatGPTの活用が難しい場面もありますが、特に英語科、探究科、情報科ではその利用が顕著です。情報科と英語科では、ほとんどの授業でChatGPTを使用しています。数学科ではChatGPTの活用が少し見られ、理科や社会科では限定的に活用されています。各教科の教師が独自の方法でChatGPTを取り入れ始めており、その活用法は教科間で共有されています。こうすることで、活用が特定の個人に依存しないように注意を払っています。」

田中先生は、生徒たちの自習におけるChatGPTの活用法について「生徒たちはChatGPTのカスタム指示機能を活用しており、その使用は着実に進んでいます。しかし、プロンプトの書き方に関する経験はまだ十分ではありません。今後は生徒たちが活用法をより工夫し、スキルを伸ばしていくことが望ましいです」と述べています。三原先生はこの点について、「教員が生成ＡＩの活用に慣れることも重要ですが、教育現場における変革は生徒主導で進むことが理想です。デジタルネイティブの生徒たちが教師を巻き込みながら、生成ＡＩの活用を推進していくことを目指しています」と語ります。

２０２３年度には高校一年生を対象にしたChatGPTの導入が成功を収めたため、次年度は他の学年への展開が計画されています。関東第一におけるこれからの動きに大きな期待が寄せられています。

日出学園中学校・高等学校「生成AIを自然体で受け入れるデジタルネイティブの生徒たち」

事例〜日出学園中学校・高等学校　武善紀之先生、石川茂先生

様々な企業・団体の現場を体験できるキャリア教育プログラム「FLYERS」：日出学園中学校・高等学校

日出学園中学校・高等学校（以下、日出学園）は、千葉県市川市に位置する共学の私立中高一貫校です。校訓は「「誠（なおく）・明（あかるく）・和（むつまじく）」であり、創造的なSTEAM教育や独自のサンライズ入試など、多様な教育を実践しています。特に注目すべきは、生徒が有志で参加し、様々な人と協力して取り組むキャリア教育プログラム「FLYERS（フライヤーズ）」です。

FLYERSは、入試広報部部長の石川茂先生によって2015年に創設された革新的なプログラムです。この団体は部活動や委員会活動とは異なる全く新しい活動形態を採用しています。FLYERSには中学1年生から高校3年生まで、希望するすべての生徒が参加可能です。学校外の様々な企業や団体からの多様な依頼が届き、興味を持つ生徒が活動に参加するシステムが確立されています。依頼内容は、テレビCMの裏方協力や取材、商品開発のサポートなど多岐にわたります。学校見学の案内役など日出学園からの依頼も、FLYERSを

通じて生徒たちに届けられます。

　驚くべきことに、日出学園の約900人の生徒のうち、半数以上がFLYERSに登録しているとのこと。生徒たちはこのプログラムを通じて、企業や団体の現場を体験し、多くの人々が協力して作品やサービスを創り出す過程を直接体験しています。石川先生は、「FLYERSの活動がきっかけで将来の進路を決める生徒が多い」と語り、生徒の夢の実現をサポートすることが学校の使命であり、教師の役割であると強調しています。

　このようなユニークなキャリア教育プログラムを採用している日出学園ですが、生成AIへのアプローチも非常に革新的です。この度、社会科・情報科の教師である武善紀之先生の授業を特別に取材させていただきました。

「人間と機械」について考察を深める倫理の授業

　武善先生は日出学園で情報科、数学科、そして公民科（倫理）を担当しており、特に「人間と機械」というテーマで倫理の授業を実施しています。武善先生は大学で人工知能と認知心理学を専攻し、その経験を活かして、生成AIの出現前から人工知能をメタファーとして倫理の授業で取り扱ってきました。「人工知能との恋愛は可能か？」「人工知能と人間の違いは何か？」といった問いを生徒に投げかけることで、これまでなんとなく考えていた人間らしさや自分らしさについて理解を深める機会を得ています。

　そんな武善先生も、ChatGPTを初めて使用した際には大きな衝撃を受けたと語っています。先生は当時、教科書の執筆に携わっており、高校生に分かりやすい表現を求めて苦労していました。そのような中、ChatGPTに文章のアイデアを求めたところ、非常に優れた案が提示されたことに驚いたそうです。武善先生は「AIに仕事を奪われる」という恐怖ではなく、新しい有力な選択肢が加わったと感じたと言います。

2023年初頭の3学期には、ChatGPTに関する感動とその使用方法を授業で生徒たちに共有しました。その結果、生徒たちはChatGPTを賢く活用しているといいます。現在は、文部科学省が公表したガイドラインに従って、授業での生成AIの利用が進めているとのことです。

生成AIを自然体で受け入れるデジタルネイティブの生徒たち

今回、私が取材した武善先生の倫理の授業では、学園祭で生徒たちが学習成果を発表するための作品を準備する発表練習会が行われました。前年度から2学期にかけて、生徒たちは心理学や哲学、情報科学を学び、「コンピュータとヒト」の関係について考察しました。そして、生徒たちは興味のあるテーマを選び、グループで作品を創造する活動が行われました。生徒たちの作品は多岐に渡り、非常に興味深いものばかりでした。例えば、以下のような作品があります。

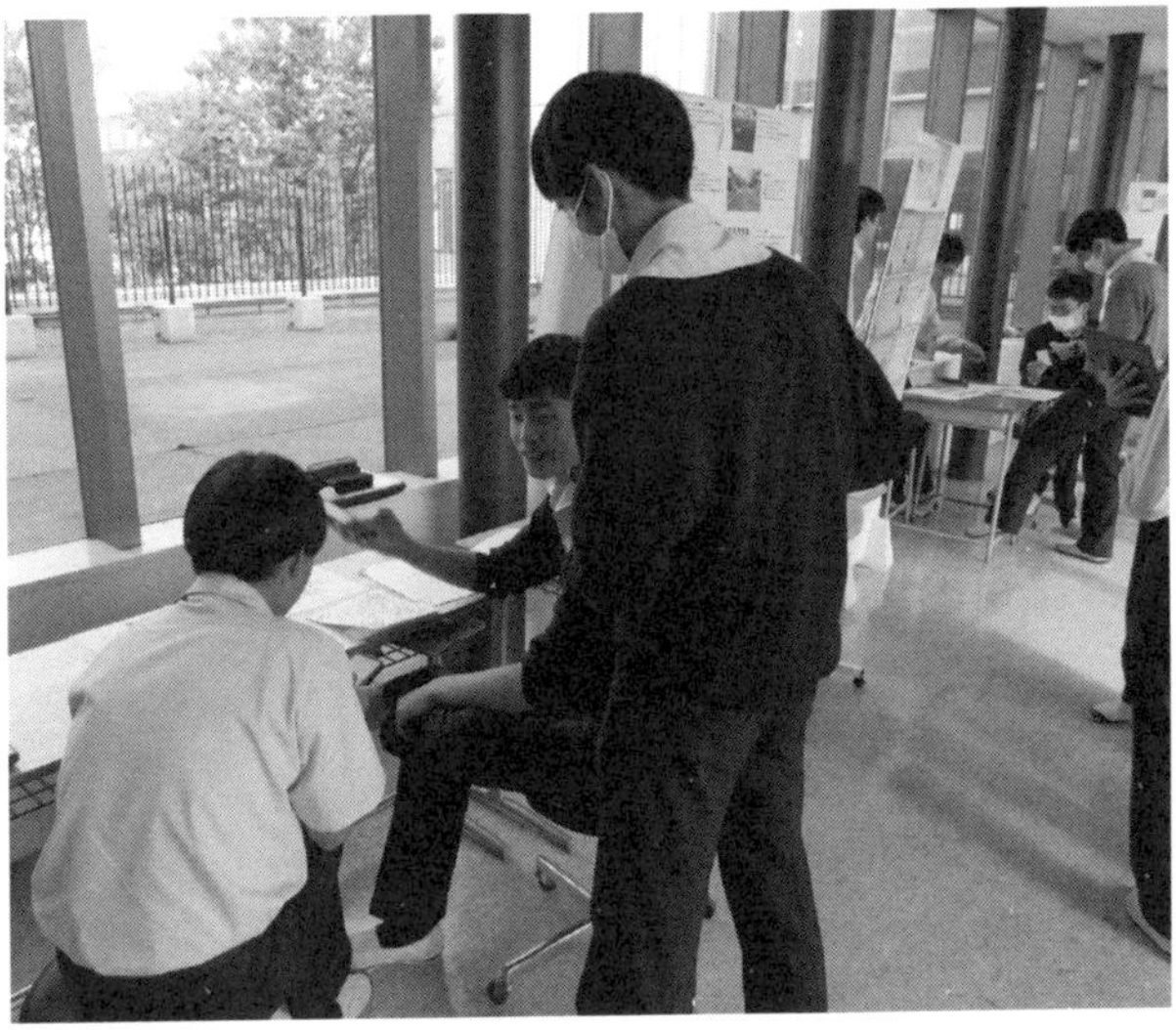

写真6 武善先生の授業風景。生徒たちが互いに自分たちの作品をプレゼンテーションしています。

● ドイツの哲学者フリードリヒ・ニーチェが提唱した「超人」をテーマにした倫理RPGゲーム。インターネット上のテンプレートを利用し、生徒たちがプログラミングで作成しました。

● ラバーハンド錯覚の体験ブース。これは、偽の手（ラバーハンド）を見せながら本物の手と偽物の手を同時に撫でることで、偽物の手が自分のもののように感じさせる錯覚を提供します。

● ギリシャ神話やエジプト神話など様々な国の神話を基にした神話クイズのポスター。

● ルビンの壺や遠近法、チェッカーシャドウ錯覚、エビングハウス錯視など、認知心理学の様々な錯覚に関する考察ポスター。

● 心理学に基づく性格診断を応用したオリジナルのおみくじの制作。

● ソクラテスやアリストテレス、ニーチェなどの著名な哲学者を題材にしたオリジナルカードゲーム「哲学者カードゲーム」。このゲームでは、哲学者のイラストを画像生成ＡＩで作成しました。

● 架空の新興宗教を創造し、その神の代弁者として教義について説明するLINEボットの作成。対話のメカニズムにはChatGPTが活用されています。

写真７ 生徒たちの作品の例。左上：倫理RPGゲーム、右上：神話クイズ、左下：哲学者カードゲーム、右下：心理学おみくじ。

特に印象的だったのは、生徒たちがChatGPTのような生成ＡＩを特別視せず、クラウドサービスやＩＣＴツールと同様に、多くのツールの一つとして自然に受け入れている様子だったことです。生徒たちのその様子は、まさにデジタルネイティブ世代を象徴していました。

授業後、神の代弁者のLINEボットを開発した伊藤さんにインタビューを行いました。伊藤さんは「当初、新興宗教を実際に設立しようと考えましたが、必要な活動経験が年単位であることから断念しました。そこでChatGPTを利用した神の代弁者のLINEボットのアイデアが浮かびました。開発期間は短かったですが、インターネット検索とChatGPTの無料トライアルを駆使して、試行錯誤しながらLINEボットを開発しました」と話しました。また、生成ＡＩに関しては「生成ＡＩは有用な新技術だと感じています。私たちはそれに順応していく必要があります。理解しづらい授業では、よくChatGPTに質問しています。また、私自身絵を描くので、画像生成ＡＩの著作権問題にも関心があります。法整備に関して国の対応を望んでいます。」と語りました。伊藤さんは最後に、「武善先生の倫理の授業は、この学校で最も受講する価値があると思います。面白くて有益で、わかりやすいですし、先生を信頼しています」と付け加えました。

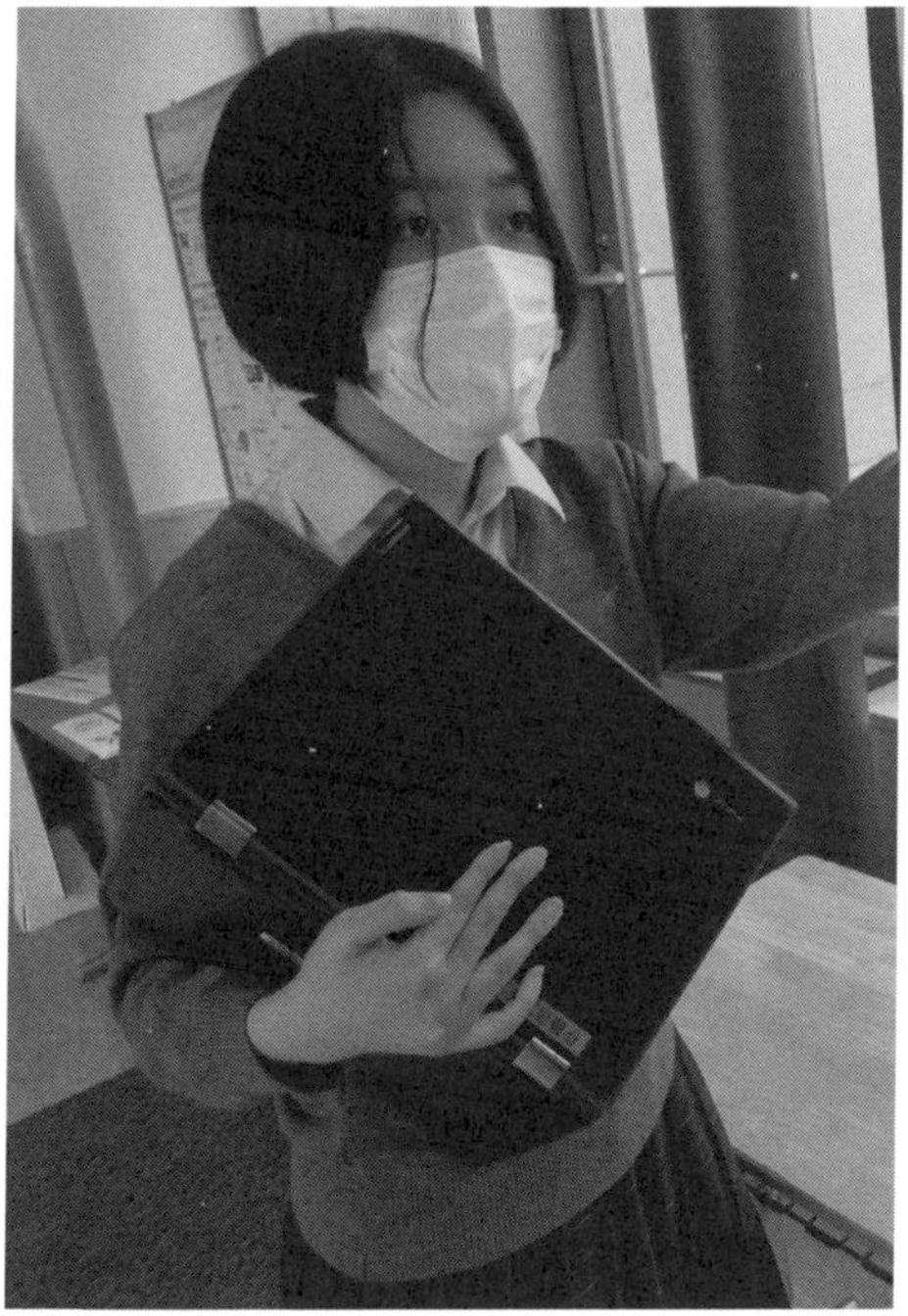

写真８ ChatGPTを活用したLINEボットを開発した伊藤さんが、その作品をプレゼンしているシーン。

ファクトチェックの重要性を学ぶ授業

日出学園では、武善先生以外にも生成ＡＩを活用した授業が実施されています。特に石川先生の英語の授業では、生成ＡＩの使用におけるファクトチェックの重要性を教えています。授業の進行は次のようになります。

1. 生徒は自分の得意分野や興味のある分野に関して、ChatGPT に問題と解答・解説を作成させます。その後、生徒は自身の知識を用いて、提供された情報の正確性をインターネットなどで確認します。
2. 次に、生徒は自分の不得意な分野に関しても同じ手順を行います。
3. 英語の問題集を使い、ChatGPT に問題を解かせた後、その回答と問題集の解答を比較し考察します。

石川先生は「フェイクニュースの増加と情報過多の現代において、ファクトチェックは極めて重要なスキルです。メディアはしばしば都合の良い情報だけを提供するため、生徒たちにはそれを見抜く力を養ってほしいと考えています。英語の問題集を題材にすることで、生徒たちは問題集にも複数の解答があることを学びます。全ての解答が100％正しいわけではなく、ＡＩが発達しても、最終的な確認は人間が行うべきです」と述べています。この授業を受けた生徒たちは、「生成ＡＩも万能ではないので、騙されないように勉強しよう」という意識を持つようになりました。

このように、日出学園では先生たちが多様な視点から生成ＡＩを教育に積極的に取り入れています。生徒たちも生成ＡＩを自主学習のためのツールとして使用しており、今後のＡＩ教育の展開が注目されます。

清泉女学院中学高等学校「中高生によるＡＩ倫理憲章作成を目指す活動」

事例～清泉女学院中学高等学校　ＡＩ倫理会議実行委員会

人生の指針を見つけ、心を育てるライフオリエンテーションプログラム：清泉女学院中学高等学校

清泉女学院中学高等学校（以下、清泉女学院）は、神奈川県鎌倉市にあるカトリック系ミッションスクールです。スペインをルーツに持つ清泉女学院は、国内に5校、世界20か国に44校の姉妹校を有し、全校で共通の教育理念と価値観を共有しています。これらの学校は「愛」を軸にした「10の価値」を掲げており、それには「生命の尊重」「無償性」「一致・兄弟愛」「正義・連帯」「和解・平和」「喜び・希望」「真理」「自由」「責任」が含まれます。生徒たちはそれぞれの成長と発達段階に合わせ、学年ごとに設定されたテーマを通じてこれらの価値を身につけます。この教育の中核を成すのは、心を育てるライフオリエンテーションプログラムです。

清泉女学院のライフオリエンテーションプログラムは、変化が激しく多様化する社会に対応し、思いやりや周囲への優しさを育てると共に、自己肯定感を高めるための心の教育です。このプログラムでは、宗教倫理の授業を核として、キリスト教の価値観に限らず、幅広い考え方を学びます。平和学習や福祉活動などの多様な

経験を通じて、生徒たちは人生の指針を見つける支援を受けます。

特に、ライフオリエンテーションプログラムの根幹を成す宗教倫理の授業は在校生に非常に人気があり、卒業後も精神的な支えとなっていると評判です。この宗教倫理の授業から派生した「ＡＩ倫理会議実行委員会」は、ＡＩに関わる「倫理的な課題」について、生徒が自ら考え、議論することを目的として活動しています。今回、この委員会のユニークな取り組みについて取材する機会を得ましたので、その活動の様子と生徒たちの意見を紹介します。

中高生による中高生のためのＡＩ倫理会議

清泉女学院の「ＡＩ倫理会議実行委員会」は、ＡＩにおける「倫理的な課題」を生徒主導で考察し討議することを目的として２０１６年に発足しました。毎年3月に清泉女学院で開催されるＡＩ倫理会議では、中学生と高校生が主体となり、専門家の講演を受けながら他校の生徒と議論を交わします。２０２３年3月には第6回目の会議が開催され、富士通株式会社のＡＩ倫理ガバナンス室の専門家が講師として参加し、ＡＩに伴う倫理的課題について議論が行われました。会議の後、５月から6月にかけては内閣府への報告書提出と担当者との対話が毎年行われています。

倫理科主任で委員会の顧問である小野浩司先生に話を伺いました。小野先生は、「ＡＩ倫理会議の最終目標は、『中高生による中高生のためのＡＩ倫理憲章』の作成です。内閣府の関係者によると、大学生によるＡＩ倫理憲章の作成例はありますが、中高生による取り組みはこれが初めてだそうです。ChatGPT の登場からもわかるようにＡＩの進化は早いですが、私たちは10年以上継続可能な、生徒の視点からの憲章の作成を期待しています。２０２４年3月の第7回ＡＩ倫理会議では、生成ＡＩに焦点を当てる予定です。生徒たちはこの取り組みに熱心で、実行委員会の活動もほぼ全て生徒主導で行われています。講師の招致や他校との連携も含め、顧問教師はサポートに徹しており、生徒たちは年々私たちの想像を超える活動を見せてくれます」と述べています。

探究学習・ICT教育の成果が際立つミーティングの光景

2023年10月、清泉女学院で開催されたAI倫理会議実行委員会のミーティングを取材しました。放課後、12名の委員生徒たちが教室に集結し、第7回AI倫理会議の準備に着手しました。主な議題は、会議のテーマ選定と講演講師の候補選びでした。

生徒たちは全員がノートパソコンを駆使し、オンラインドキュメントをリアルタイムで共有しながらミーティングを進めていきます。最初に、各自が事前に練り上げたテーマ案と講師候補についてプレゼンテーションを行いました。

写真9 AI倫理会議実行委員会のミーティングの様子。生徒全員がノートパソコンを持参しています。

講師候補の資料は事前にドキュメントで共有され、生徒たちは各々それを参照しながら、パソコン上でプロフィールや関連ウェブサイトを確認し議論を深めていきました。この様子は、清泉女学院におけるICT教育の進捗度とそのレベルの高さを如実に表していました。生徒たちはノートパソコンをまさに日常の道具として巧みに活用している様子が印象的でした。

生徒たちが考えてきたテーマ案には、「生成AIの社会への影響」「ChatGPTと子どもとの関わり方」「ゲーム分野でのChatGPT活用」「AIと雇用市場の変化」「教育分野におけるChatGPTの活用」といった、生徒の視点と関心を反映した興味深い内容でした。また、生徒たちが講演に招待したいと考えている講師のリストには、IT業界のトップ経営者、有名大学の総長、現職のデジタル大臣などが挙げられており、生徒たちの大胆な発想が伺えました。このような選択肢は、大人にはなかなか思い浮かばないもので、同時に「適切に依頼すれば大人たちも協力的である」という生徒たちの大人への信頼感が感じられました。

生徒たちが持ち寄ったテーマ案と講師案の共有を終えた後、ミーティングはテーマに関する本格的な議論に移行しました。生徒たちは提示された様々なアイデアや意見を整理するために、グルーピングなどのテクニックも積極的に利用していました。ミーティングは全体的に進行しながらも、生徒同士が時折隣の人と意見交換やディスカッションを行うなど、非常に流動的かつ

写真10 考えてきたテーマ案について発表している様子（左）と、オンラインドキュメントを活用し、資料をリアルタイムで共有している様子（右）

活発な雰囲気で進められました。

ディスカッションで特に印象的だったのは、一人の生徒が「私たちが責任を持つ世代になった時、子供たちにＡＩをどのように関わらせるかを考えておく必要がある」と発言したことです。生徒たちは既に将来を見据え、大人になる自分たちが直面するであろう課題について深く考え始めており、その先見の明と責任感は非常に印象的でした。

ミーティングの場は、生徒たちがリラックスし、安心して自身のクリエイティブな意見を自由に表現する空間として機能していました。生徒たちは互いの意見を尊重しつつ、楽しみながら議論を進めていました。同時に、議論が盛り上がる中でも、タイムキーパー役の生徒が冷静に時間を管理し、ファシリテーションを適切に行っていました。このミーティングは、その内容の深さと進行のスムーズさから、大人も顔負けのレベルであったと言えます。

顧問の一人である北宮先生に、生徒たちが効果的なミーティングを行なえている秘訣について尋ねて

写真11 ミーティングは真剣さとともに、笑顔や笑い声が絶えず、居心地の良い雰囲気が感じられる様子でした

みました。北宮先生は、「清泉女学院では、中学1年生から探究活動に取り組んでいます。生徒たちはこれまでの探究活動から、テーマが不明確だと探究が深くならないことを経験則として理解しています。そのことを、全員が意識して行動しているのだと思います。また、グルーピングのような手法に全員が慣れ親しんでいるのも、効果的なミーティングを実現する重要な要素です。」と言います。清泉女学院における探究学習が、生徒たちの日常的な学びに深く組み込まれていることが伺えます。

生徒のインタビュー「AI倫理会議実行委員会に参加した理由」

ミーティング終了後、AI倫理会議実行委員の生徒たちに、活動に参加した理由をインタビューしました。以下は、生徒たちの多様な理由を要約したものです。

- 将来の仕事の不安からChatGPTを調べ始め、その多様な活用方法（例えばゲーム）に魅了され、もっと知りたくなり委員会に入った。
- AI技術について深く学び、同級生との議論を通してAIに対する幅広い視点を獲得したいと思い参加した。
- AIの進化に対する国の対応の遅れを感じ、AIに関するルールやビジョンの必要性を考えて、この委員会に入った。
- 授業で先生がChatGPTの教育活用に反対していたが、私は異なる意見を持ち、この委員会に参加した。
- ChatGPTについてあまり知らないという事実に危機感を覚え、他人任せにはできないと感じ参加した。委員会でAIについて学び、その知識をみんなと共有する先駆けになりたい。

●イタリアに留学中、多量の宿題を経験し、生成ＡＩの活用を考えた。海外の同世代の多様な意見を知り、自分の見解を確立したいと思って参加した。
●これまでの漫画や小説で描かれてきたように、人間がＡＩに置き換えられる可能性に対する恐怖を感じた。このような未来を回避するため、ＡＩについて深く学び、理解を深めたいと思い、この活動に参加した。
●音楽活動を通じて、生成ＡＩの影響を受けている人々を間近で目の当たりにし、その進化の速さと影響の大きさに危機感を覚えた。生成ＡＩがどれほど進歩しているのか理解するために、委員会へ参加した。
●人間が創り出したＡＩが人間を超越する可能性に恐怖を感じた。ＡＩについて学ぶことで、ＡＩを道具として適切に利用する方法を学びたいと考え、この委員会に参加した。将来は医療系を志望しており、ＡＩに仕事を奪われる可能性を懸念している。
●委員募集の締切後になって参加を決意した。部活動との両立に迷いはあったが、情報の偏見から解放され、自分自身の見解を確立するために、思い切ってこの委員会への参加を決意した。
●友達から「ＡＩが発達しているのになぜ勉強する必要があるのか」と問われ、はっとした。人見知りの性格だけど、貴重な機会を逃さないように参加した。
●委員の中でＡＩに関する知識が最も浅いと思ったが、他の人の意見を聞くことで理解を深めたいと思い、参加した。社会に出た際、ＡＩの知識は不可欠だと思うし、大学に進学してからでは遅いと思う。

これらの理由は、ＡＩ技術に対する生徒たちの幅広い関心を示しています。生徒たちは未知のＡＩ技術に対する不安感や恐怖心を抱えているだけでなく、ＡＩについての知的好奇心や、友達との議論を通して学びたいという願望も持っているのです。生徒たちにとってＡＩ倫理会議実行委員会の活動は、貴重な成長と学びの場であることがわかります。

　清泉女学院のＡＩ倫理会議実行委員会は、今後も『中高生による中高生のためのＡＩ倫理憲章』の作成を目指して、その活動を継続していきます。他校の生徒たちとの協力や参加も積極的に歓迎しています。この取り組みに興味を持つ学校の先生方や生徒たちは、ぜひ清泉女学院のＡＩ倫理会議実行委員会までお問い合わせください。

写真12「AI倫理会議実行委員会に参加した理由」について、笑顔でインタビューに応えてくれる生徒たち

ドルトン東京学園中等部・高等部「英語科における生成ＡＩの活用術」

事例～ドルトン東京学園中等部・高等部　英語科　布村奈緒子先生

日本唯一のドルトンプラン採用校：ドルトン東京学園中等部・高等部

ドルトン東京学園中等部・高等部（以下、ドルトン東京学園）は２０１９年に開校した共学の中高一貫校で、河合塾によって運営されています。ドルトン東京学園は、その名前の通りドルトンプランという革新的な教育方法を採用している人気の私立学校です。ドルトンプランとは、１９０８年にアメリカの教育家ヘレン・パーカーストによって提唱された、生徒中心の学習アプローチです。詰め込み型教育に対するアンチテーゼとして考案されたこのメソッドは、「自由」と「協働」の二つの原理に基づき、異学年が集うコミュニティ「ハウス」、学習の指針となる「アサインメント」、実践の場「ラボラトリー」の３つの要素で構成されています。アメリカをはじめ世界中で高く評価されているドルトンプランを取り入れている中高一貫校は日本ではドルトン東京学園のみで、独自の教育方針が注目されています。

ドルトン東京学園は、従来の学校とは大きく異なる特色を持っています。この学校では、中間テストや期末テストを行わず、日常の小テストや提出物によって生徒の成績を評価します。また、通常の学年に基づくクラス分けではなく、異なる学年の生徒が混ざる「ハウス」という縦割りのクラスシステムを採用しています。異なる学年の生徒が一緒になることで摩擦も生じますが、これを解決し協力する過程を通じて、生徒は自然とコミュニケーション能力を高めていきます。さらに、高校2年生以上の生徒は、自分で選択科目を組み合わせて時間割を作成することが可能です。授業では、教師が教室に来るのではなく、生徒が授業ごとに教室を移動します。また、特別な行事を除いて私服が認められており、その日常はアメリカンスクールを彷彿とさせます。

このように生徒の主体性と自由が尊重されているドルトン東京学園では、生成ＡＩに対してどのように対応したのでしょうか。副校長で英語科教師の布村奈緒子先生にお話を伺いました。

ChatGPT登場の混乱の最中、勉強会を開催

布村先生は、「２０２２年12月頃、ChatGPTが注目され始めた時、生徒たちはすでにこれを使用していました」と振り返ります。ドルトン東京学園では、生徒の自由度が高く、英語のＡＩ自動翻訳サービス「DeepL」の使用も禁止していません。この自由な校風のため、保護者の同意を得ればChatGPTの使用も許可されてお

写真13 ドルトン東京学園の校舎中央に位置する大階段前のスペース。放課後、このエリアは生徒たちの憩いの場所となっています。

り、生徒たちは教員よりも先にそれを使い始めていました。「英語スピーチの原稿をChatGPTで作成していた生徒がいましたが、なぜそれが問題なのかを理解していませんでした。この状況を受けて、ChatGPTの適切な使用方法を学ぶための勉強会を急遽開催することにしました」と布村先生は語ります。

２０２３年1月に、ドルトン東京学園ではChatGPTに関する勉強会を実施しました。その後、slackにAI活用チャンネルが立ち上がり、プロンプトを日本語や英語で入力する実践や、表の出力など、ChatGPTの様々な使用方法が報告されました。

布村先生は、「最初のうちは、教員の間でChatGPTに対する賛成派と反対派がほぼ同数でした。一般的に、賛成意見を持つ教師は声を大にしない傾向にあります。しかし、徐々に賛成派が増えていき、『ChatGPTで解けるようなアサインメント（課題）自体が問題ではないか』という考え方へ変化が見られました」と述べています。ChatGPTに関する情報共有を通じて、教師たちのAIリテラシーが向上し、多くの教師がChatGPTを活用し始め、プロンプトの例やノウハウを共有するようになったとのことです。

英語のオリジナル新聞記事を作成するプロジェクト学習

２０２３年11月、布村先生の英語の授業を取材させていただきました。この授業では、生徒たちが「日本に詳しくないヨーロッパの高校生に向けたオリジナル新聞記事を作成する」というユニークなプロジェクトに取り組んでいました。これらのヨーロッパの高校生は、同じドルトンプランを採用している提携校の生徒たちです。このプロジェクトのプロセスは、次のステップで構成されています。

1. 新聞記事の分析：英字新聞に掲載された日本に関する記事を読み解き、新聞の基本構成要素と目的を把握する。この過程で、記事の構造、論理、およびスタイルを詳細に理解する。

2. トピックの選定：オリジナル新聞記事に取り上げるトピックを決め、その選択理由を考察する。
3. 構成の計画：記事の5W1H（「いつ」「どこで」「誰が」「何を」「なぜ」「どのように」）を考え、オリジナル新聞記事の構成を計画する。
4. ChatGPTを使ったアウトライン作成：専用プロンプトを用いてChatGPTによるアウトラインの作成を試み、その結果を自分のアイデアと比較分析する。
5. アウトラインの記述：新聞記事の典型的な構成（リード、本文1、本文2、結論）に従い、オリジナル新聞記事のアウトラインを英語で作成する。

Prompt
Situation
I am a high school student in Japan. I am currently working on an article for my English class. This newspaper will be sent out to high school students worldwide, including Europe, Australia, and China. Our main goal is to introduce Japan, Japanese teenagers, and our school to these students.
The writer and readers of this newspaper article are not native English speakers.
The article will *feature Jiro ramen, a popular and unique type of ramen that many teenagers in Japan love.* The article aims to *introduce the taste and uniqueness of Jiro ramen to the readers.* The English vocabulary used in the article will be at a level that is easy to understand for those who have a basic understanding of English (CEFR B2 level).

Outline
Can you help me create an outline for my newspaper article? Let me know what to write in each part;
1. Lead – grab the reader's attention and introduce the topic.
2. Body 1 (Topic sentence / Supporting sentences)
3. Body 2 (Topic sentence / Supporting sentences)
4. Conclusion

図15 授業において使用されているアウトライン作成のためのChatGPTの専用プロンプト

授業中、生徒たちはノートパソコン、スマホ、タブレットを積極的に活用し、お互いに協力しながらアウトラインの作成に取り組んでいました。生徒たちの姿勢からは、ChatGPTが特別なツールではなく、インターネット検索と同じくらい日常的に利用されていることが伺えました。

布村先生は次のように述べています。「この授業では、ChatGPTをアウトライン作成のためのアイディア発想に用いています。生徒たち自身の考えは、しばしば生徒自身の世界観に限定されがちです。しかし、世界中のインターネットデータを学習したChatGPTの回答を見ることで、その限界を超えるきっかけになります。また、生徒たちがChatGPTを利用する際は、必ず英語で質問するよう指導しています。これにより、ChatGPTの回答の質が向上するだけでなく、英語のライティングとリーディングの訓練にもなります」と。

さらに布村先生は、「ChatGPTの授業への導入により、学習のゴールが単に『英語で文章を書くこと』から、『英語でスピーチをすること』へと拡張されました。以前は、添削しきれない生徒の文章をスピーチ練習に活用するのが困難でしたが、ChatGPTを台本作成や添削に使用することで、この問題を解決できました。DeepLと同様に、ChatGPTは生徒が伝えたいことをネイティブのような英語で表現してくれます。これにより、生徒たちはスピーチの練習に対して高いモチベーションを持つようになりました。ChatGPTの使用によりライティングにかかる時間が短縮され、それに伴いスピーキングの訓練により多くの時間を割けるようになったのです」と語っています。

ChatGPTを活用した英語の問題作成

ChatGPTの導入により、授業準備も大きく変わりました。布村先生によ

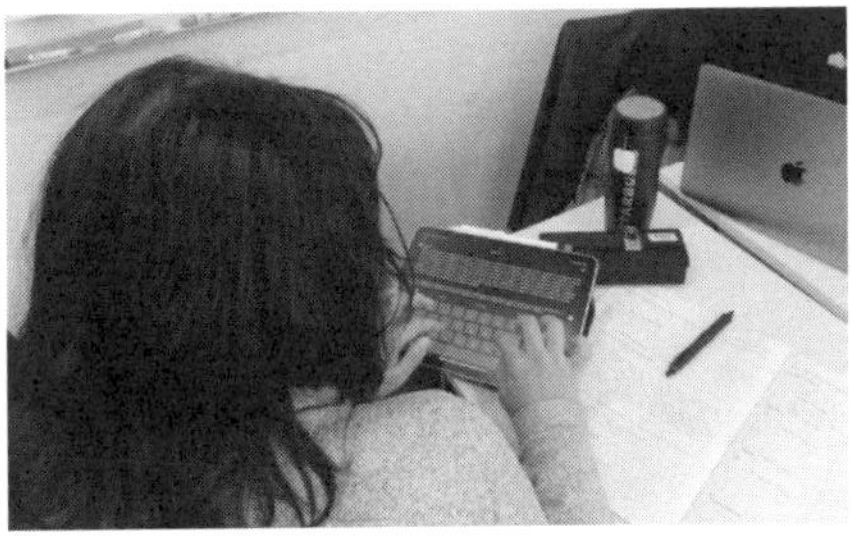

写真14 布村先生の授業風景（左）と、生徒が自分のタブレットでChatGPTを使用している様子（右）。この授業はプロジェクト学習の形式で進行されており、生徒たちはChatGPTとの対話を全て英語で行っています。

ると、ChatGPTはアサインメント作成の準備時間の短縮や、質の高い試験問題作成を可能にしてくれたとのことです。

　ドルトン東京学園のアサインメントは、各学習単元やテーマごとに精密に作成されています。これには学習の目的、到達目標、学習方法と手順、評価基準のルーブリック表など、多岐にわたる具体的な課題が含まれています。特に英語のアサインメントは、その詳細な内容がA4サイズで10数枚にも及ぶ冊子となり、ほとんどが英語で書かれています。これにより、生徒は学びの全体像を把握し、自ら「学びの設計」を行うことができます。しかし、これらのアサインメントを作成する教師の負担は相当なものです。

　布村先生は次のように語ります。「アサインメントには、『なぜこの単元やスキルを学ぶのか』といった理由、評価のためのルーブリック表、様々な課題や設問が含まれています。ChatGPTを使うことで、これらのアイディア出しや文章作成が劇的に容易になりました。また、アサインメントは全て英語で書かれており、通常ならばネイティブ教員による最終チェックが必須でしたが、ChatGPTの活用によりその手間が省けるようになりました」と述べています。

　布村先生は、英語の問題作成においても、ChatGPTの導入により質の高い問題が作成可能になったと述べています。「英単語学習の成果を確認するため、単語の穴埋め問題をChatGPTで作成しています。習得した単語や熟語が異なる文脈で正しく使用できるかをテストするため、単語帳や教科書の例文をそのまま使うのは

Why do we need to learn these skills?

The Significance of Reaching CEFR B2 or Above:
In this course, students will aim to reach CEFR B2 level or above by the end of this academic year. Reaching a CEFR B2 level or above signifies a certain independence in using the English language. At this proficiency, students can not only understand complex texts and engage in spontaneous conversations with native speakers but also present arguments, insights, and perspectives in a clear, logical manner. This level of fluency and comprehension paves the way for opportunities in higher education, international careers, and a broader understanding of global affairs and cultures. It essentially serves as a bridge, connecting students to a world where English acts as a primary medium of communication, interaction, and collaboration.

Importance of Writing and Speaking Logically:
Logical writing and speaking are imperative as they ensure clarity of communication. They enable readers and listeners to follow the author's or speaker's line of thought easily. Logical organization also enhances credibility and persuasiveness. For English learners, achieving CEFR B2 or above indicates a proficiency that is sufficient for most work environments and academic settings, enabling them to function effectively in the English-speaking world.

Why Do We Need to Learn These Skills?:
In the 21st century, the world has become a global village. English is one of the most widely spoken languages, making it essential for international communication. By writing and speaking logically:

1.Enhanced Communication: Clear articulation of ideas ensures effective conveyance of messages. This promotes better understanding in international settings, workplaces, and institutions.
2.Critical Thinking: Engaging in discussions and writing logically sharpens critical thinking skills. It encourages students to evaluate information, discern facts from opinions, and make well-informed decisions.
3.Professional Opportunities: Logical writing and speaking are sought-after skills in many professions. Mastery in these areas can open doors to numerous job opportunities and collaborations.
4.Digital Age Skills: The 21st century is characterized by information overload. Skimming and scanning skills are crucial for navigating digital content efficiently. Actively listening and logically structuring content helps in processing this information.

図16 英語科のアサインメントからの抜粋。このページでは、学習する単元やスキルの重要性が明確に言語化されていることが確認できます。

適切ではありません。また、問題文に生徒が未知の単語が混入することも避けなければなりません。従来は英英辞書の例文を利用していましたが、問題作成には多大な労力が必要でした。しかし、ChatGPTを使えば、例えばCEFR（ヨーロッパ言語共通参照枠）のボキャブラリーレベルＡ２に沿った穴埋め問題を簡単に大量に作成することができます」と語ります。

さらに、布村先生は「ChatGPTの利用により、穴埋め問題の全体的な文脈を統一することが可能になりました。たとえば、現在生徒たちが学んでいる環境問題に関連する語彙を使って、全ての穴埋め問題の例文を環境問題に関連付けることができます」と付け加えています。このように、ChatGPTの活用により、より効率的で統一感のある問題作成が可能になっているのです。

布村先生は、読解問題の作成におけるChatGPTの利用についても言及しています。「通常、英語の長文読解試験では教科書の文章をそのまま使用することがありますが、当校ではその方法を採用していません。その理由は、教科書の日本語翻訳を暗記するだけで、読解スキルが未熟な生徒でも点数を獲得できてしまうからです。ネイティブでない英語教員にとっては、オ

熟練した言語使用者	C2	聞いたり読んだりした、ほぼ全てのものを容易に理解することができる。いろいろな話し言葉や書き言葉から得た情報をまとめ、根拠も論点も一貫した方法で再構築できる。自然に、流暢かつ正確に自己表現ができる。
	C1	いろいろな種類の高度な内容のかなり長い文章を理解して、含意を把握できる。言葉を探しているという印象を与えずに、流暢に、また自然に自己表現ができる。社会生活を営むため、また学問上や職業上の目的で、言葉を柔軟かつ効果的に用いることができる。複雑な話題について明確で、しっかりとした構成の、詳細な文章を作ることができる
自立した言語使用者	B2	自分の専門分野の技術的な議論も含めて、抽象的な話題でも具体的な話題でも、複雑な文章の主要な内容を理解できる。母語話者とはお互いに緊張しないで普通にやり取りができるくらい流暢かつ自然である。幅広い話題について明確で詳細な文章を作ることができる。
	B1	仕事、学校、娯楽などで普段出会うような身近な話題について、標準的な話し方であれば、主要な点を理解できる。その言葉が話されている地域にいるときに起こりそうな、たいていの事態に対処することができる。身近な話題や個人的に関心のある話題について、筋の通った簡単な文章を作ることができる。
基礎段階の言語使用者	A2	ごく基本的な個人情報や家族情報、買い物、地元の地理、仕事など、直接的関係がある領域に関しては、文やよく使われる表現が理解できる。簡単で日常的な範囲なら、身近で日常の事柄について、単純で直接的な情報交換に応じることができる。
	A1	具体的な欲求を満足させるための、よく使われる日常的表現と基本的な言い回しは理解し、用いることができる。自分や他人を紹介することができ、住んでいるところや、誰と知り合いであるか、持ち物などの個人的情報について、質問をしたり、答えたりすることができる。もし、相手がゆっくり、はっきりと話して、助けが得られるならば、簡単なやり取りをすることができる。

（出典）ブリティッシュ・カウンシル、ケンブリッジ大学英語検定機構

図17 CEFR（Common European Framework of Reference for Languages）は、欧州評議会によって定められた国際的な言語能力の基準です。この基準はA1からC2までの６つのレベルに分けられており、C2が最も高いレベルを示します。上記画像は、これら６段階の共通参照レベルを詳細に説明しています。

リジナルの長文を作成するのが難しく、通常は市販の問題集を使用していました」と語ります。「ChatGPTの導入により、例えば『特定のトピックでCEFRボキャブラリーレベルB1に適した何単語程度の長文を作成してください』と指示するだけで、ネイティブレベルの文章を簡単に作成できるようになりました。加えて、『理解度を確認するための5つの選択肢付き質問（Comprehension Questions）と、それに対する正解および解説を作成してください』といった設問作成も、これまで英語での解説作成が大変だったのが、一気に楽になりました。ネイティブチェックの必要もなくなり、大きな効率化を実現しました」と付け加えています。

ドルトン東京学園では、生成ＡＩの今後の取り扱いについて、校則による規制に頼るのではなく、上手に付き合っていく方法を模索する方針です。生徒自身が独立して考え、様々な結果を予測し、問題を未然に防ぐ方法を見つける能力を育てることを目指しています。ドルトン東京学園の生成ＡＩの活用法については、今後も注目が集まることでしょう。

東明館中学校・高等学校「教員の業務効率化を革新するChatGPT活用法」

事例～東明館中学校・高等学校 神野元基校長、山元祐輝先生

日本最速でSociety5.0時代に対応した学校になる：東明館中学校・高等学校

東明館中学校・高等学校（以下「東明館」）は、佐賀県三養基郡基山町に位置する私立の共学中高一貫校です。同校は、「日本最速でSociety5.0時代に対応した学校になる」という目標を掲げ、多様な教育改革に取り組んでいます。その最上位目標は生徒のwell-being（幸福）の実現にあり、「自律自走」「相互承認」「創造する力」という3つのキーワードを教育の中心に据えています。具体的には、個別最適化された学びや協働学習、国際共生プログラム、探究活動、コミュニケーション能力の育成に注力しています。また、地元基山町との包括的な連携協定を結び、生徒たちは地域社会への貢献や地域との強いつながりを大切にする教育を受けており、これも東明館の特色の一つです。

東明館には、独自の教育システムとして総合選択制度とハウス制度が設けられています。総合選択制度では、生徒たちは自分の関心や将来の進路に合わせて、70以上の講座（うち必修16講座）の中から選択し、自己の個性や学力を伸ばしていきます。一方、ハウス制度は、生徒が自身の学習スタイルに適した縦割りのグループに

所属し、集団生活を経験するシステムです。

東明館では、探究ハウス、教養ハウス、国際ハウスの3つのハウスがあり、それぞれに特色があります。探究ハウスは探究活動を中心に「やりたいことを形にできる」力を育て、総合型選抜に基づく大学進学を目指します。教養ハウスでは、自主的な学習を通じて思考力、判断力、表現力を養い、上級学校への進学を目標としています。国際ハウスは、国内外の留学や異文化体験を通して国際的な教養を身につけ、海外大学を含む大学進学を目指します。このように、東明館のハウス制度は、集団生活の中でコミュニケーション能力を高めるとともに、学年やクラスの枠を超えた学びの場を提供しています。総合選択制度とハウス制度は、個別に最適化された学習環境の実現に大きく寄与していると言えるでしょう。

このように先進的な教育システムを採用している東明館は、生成ＡＩの教育活用にも積極的に取り組んでいます。生徒向けに生成ＡＩをテーマにした講演を開催し、教師には有料版 ChatGPT のアカウントを提供するなど、教育界の潮流に先んじて行動を起こしています。今回、東明館における生成ＡＩの活用状況について、特に教員の業務効率化の観点から、広報部長の山元祐輝先生に話を伺いました。

業務効率が2倍に向上した東明館の ChatGPT 活用法

「ChatGPT を業務に導入してから、控えめに見ても業務効率は2倍に向上しました」と話すのは、東明館の広報部長である山元祐輝先生です。広報部では、ChatGPT や他の生成ＡＩを活用して、パンフレットやポスターのキャッチフレーズの作成、説明会の案内文、プレスリリースの作成、プレゼンの構成やアイデア出し、スライドの画像作成、ホームページ作成、文書の添削、そして様々なデータ分析の補助に至るまで、幅広い業務に活用しています。山元先生は、「前年度と比較して、講演、校務支援、外部への訪問などの業務量が1.5倍に増加しましたが、ChatGPT の導入により、より効率的に業務を遂行できています。これにより、働き方にゆとりが生まれました」と述べています。

東明館の生成ＡＩ活用において特筆すべき点は、生成ＡＩを校務用システム開発に取り入れていることです。例えば、総合選択制度における履修申請システムは、英語科の先生が ChatGPT のプログラミングアドバイスを活用しながら開発しました。「生徒は学校のメールアドレスでログインし、履修する教科を選択すると、履修リストが学校と保護者のメールアドレスに自動送信されます」と山元先生は説明しています。

ChatGPT を活用することで、プログラミングスキルがある先生はより高度な、ない先生でも効率的な校務システムの開発が可能になります。山元先生自身も、従来は紙で管理されていた生徒の出席簿をデジタル化するための「生徒出席管理システム」を ChatGPT の支援を得て開発しました。このシステムは Google スプレッドシートをベースにしており、「特に注目すべきは、一般的に使用されるスプレッドシートの関数「VLOOKUP」の活用度合いです。通常、人間が一度に多数の VLOOKUP 関数を使用するのは困難ですが、ChatGPT を利用することで、複数の VLOOKUP 関数を組み合わせることで実装可能な難解なシステムを短時間で開発できます。これまで『どのようにシステムに実装すればいいのか』と頭を悩ませていた問題も、ChatGPT に質問することで素早く解決することができました」と山元先生は述べています。山元先生は「ChatGPT のおかげで

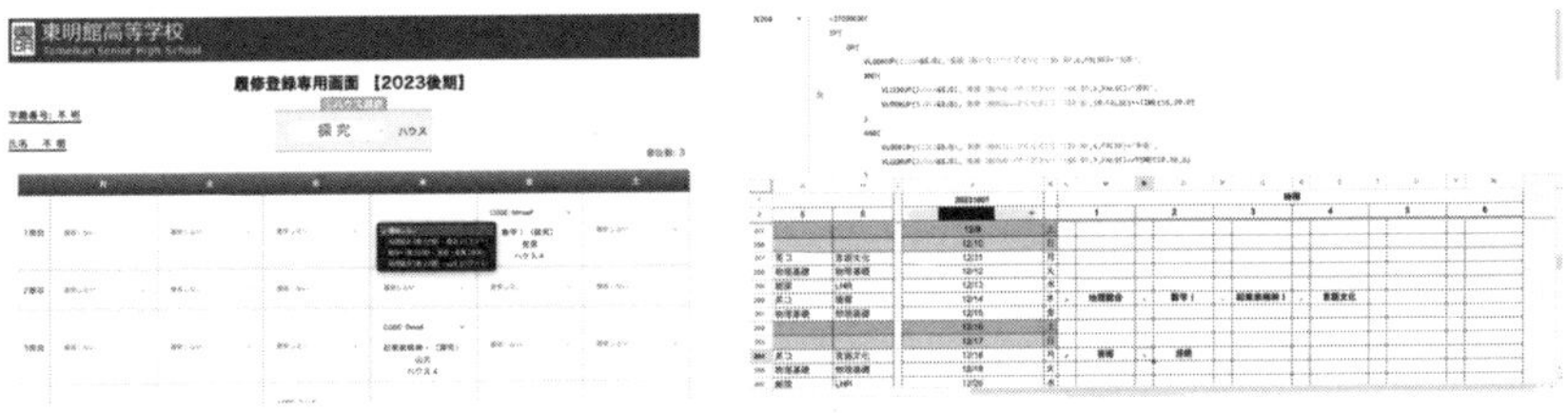

図18 東明館の自作校務システム、履修申請システム（左）と出席管理システム（右）。これらのシステムは、東明館の教員が ChatGPT のサポートを活用して開発したもので、学校運営の効率化に大きく寄与しています。

様々な校務システムを実装でき、日々の業務負担が大幅に軽減され、余裕が生まれました」と付け加えています。

正解のない記述問題をChatGPTで採点

生成ＡＩの恩恵は校務の効率化に留まらず、教育面でも東明館で大いに活用されています。例えば、山元先生は生徒からの「地理学習で国名と首都名を確認する方法について、プリント学習ではない手法で勉強したい」という要望に応えるため、独自の確認テストアプリを開発しました。「プログラミングに詳しくなくても、ChatGPT を適切に使えば、このようなアプリを簡単に作成できます。この地理学習用のアプリは約1時間半で完成しました」と山元先生は語っています。

山元先生は、記述問題の採点方法としても ChatGPT が効果的に活用されています。特に、正解のない思考力を問う問題、例えば「国際地理という科目について、これまで学習したことをもとに、後輩の生徒がマインドセットするための文章を作成しなさい」というタイプの問題は、一般的にはルーブリック評価基準に基づいて採点されます。しかし、これらの基準には評価者によるばらつきが生じる可能性があります。東明館では、ChatGPT を使用することで、採点の公正性と公平性を保つ方法を採用しています。

さらに、授業計画の作成や探究学習のアイデア出しにも ChatGPT が活用されています。教育において重要視

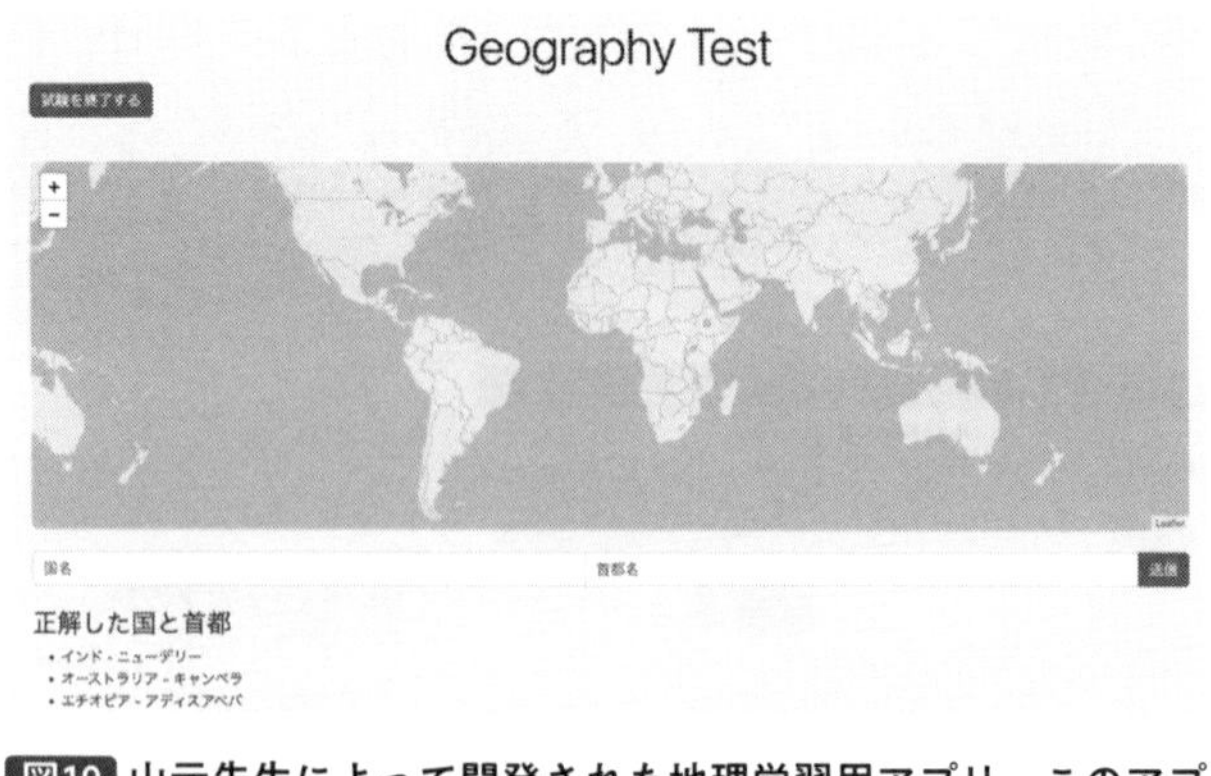
Geography Test
試験を終了する
国名
首都名
正解した国と首都
• インド - ニューデリー
• オーストラリア - キャンベラ
• エチオピア - アディスアベバ

図19 山元先生によって開発された地理学習用アプリ。このアプリでは、地図上の国を選択し、その国名と首都を答えていくインタラクティブな学習が可能です。このアプリも ChatGPT のサポートを活用して開発されました。

されているシラバスの内容の質を向上させるための試行錯誤にも、ChatGPTが利用されています。山元先生は「ChatGPTの導入により、業務効率化だけでなく教育の質も向上しました」と述べています。東明館の取り組みは、生成AIが教育現場にもたらす可能性の一端を示しています。

東明館が見据えるAIリテラシーの重要性

東明館がChatGPTをいち早く導入した理由と今後の展望について、理事長・校長の神野元基先生は次のように語ります。「現時点でChatGPTのような生成AIは、保護者や先生たちには異質に感じられるかもしれません。しかし、インターネットが普及し始めた1995年当時も、インターネットに対して同様の不信感がありました。最初はインターネットの情報は信頼できないとされ、2000年代に入ってもネット情報をレポートに使用するのは不適切とされていました。しかし、時間が経つにつれて人々は情報の取捨選択を学び、情報リテラシーを身につけました。生成AIも同様の変化を遂げると考え

### 問題文： もしあなたが、国際地理を学び終わった先輩で、東明館を卒業する前にたまたま、これから国際地理を学ぼうとする生徒との交流がありました。その生徒が「地理って何のために学ぶのか、よくわからない。暗記科目なんでしょ？」と言っています。あなたは、どのようなセリフで国際地理という科目について説明しますか。今まで学んできたこと（トピックや単元）の例を1つ挙げ、相手を説得するような文章を作成してください。なお、900字前後で書くこと。（900字とは、3分以内で説明できる分量です。）	# 指示 以下のstepで指示通り実行してください。 step1: 以下のレポートを評価観点ごとに採点する。（各項目5点満点） step2: 各項目を足して、15点満点で計算する。 step3: 観点ごとにフィードバックコメントを作る。フィードバックについては、観点に基づいて具体的にアドバイスしてください。 ### 問題文：（左参照） ### 回答文：（略） ### 評価観点：（略） ### 出力形式： 採点結果： フィードバックコメント：

図20 東明館の正解のない問題例（左）と国際地理の授業において使用されているルーブリック評価用のプロンプト（右）。問題文、回答文、評価観点を入力して使用します。完全版のプロンプトは、QRコードよりアクセスできます。

ています。現在はまだ精度に問題がありますが、将来的には大きく改善されるでしょう。」

さらに、神野先生は「今後、ＡＩリテラシーの獲得が極めて重要になるでしょう。現在、情報リテラシーがないと社会で不利になるように、将来的にはＡＩリテラシーがなければ不利な立場に置かれる可能性が高いです。ChatGPTなどの生成ＡＩを使用しないと、時代の流れに取り残される恐れがあります。ＡＩの進化は非常に速く、日々のアップデートや機能追加が急速に進んでいます。これは実際に生成ＡＩを使用し続けることでしか実感できないことです。教育機関として、学校でこれらの最新技術に触れる機会を提供することの重要性を強く感じています。」と述べています。

教師の生成ＡＩ活用については、「先生方は日常的な施策の一環として活用していますが、私はより未来を見据えて生成ＡＩを導入しました。近い将来、ほとんどの生産活動に生成ＡＩが使われ、ほぼ全てのインターフェースが自然言語に基づくＡＩインターフェースになるでしょう。自然言語の使用により、ウェブアプリケーションの操作やコミュニケーションが一変します。個人情報や懸念事項はありますが、それらを超えて生成ＡＩを活用する必要があると考えます。東明館は、日本で最も早くSociety5.0時代に対応した学校になるため、この流れを汲んで実践事例を積み重ねていきます」と神野先生は締めくくりました。東明館の生成ＡＩの活用は、今後も目が離せません。

教育系ＮＰＯ法人が提供する「ＡＩの活用を体験しながら学ぶ」出張授業

事例～特定非営利活動法人ニュークリエイター・オルグ×大妻中学高等学校

STEAM教育の地域格差是正に取り組む教育系ＮＰＯ法人

民間団体の中にも、生成ＡＩを活用した先進的な教育を実践している組織が存在しています。そのひとつが、教育系のＮＰＯである特定非営利活動法人ニュークリエイター・オルグ（以下、ニュークリエイター）です。ニュークリエイターは、STEAM教育の地域間格差を是正し、全国の子供たちに同じ教育機会を提供することを目指しています。この団体は、「全国の子どもたちに平等にSTEAM教育を届ける」というビジョンを掲げ、特に都市部と地方部のSTEAM教育の環境差を解消し、子どもたちがSTEAMを身近に感じられるよう努めています。２０１６年から開始されたIT・STEAM教育プログラムは、これまでに30回以上のイベントを開催し、１０００人以上の子供たちが参加しています。

ニュークリエイターは、ＡＩ教育の普及と地域間格差の是正にも注力しています。学校におけるＡＩ教育の導入がセキュリティやリスクの問題で遅れ、地域間の格差が生じるリスクに対処するため、いち早く生成ＡＩの学習機会を提供しています。これまでに11校で出張授業を行い、その最新の取り組みとして大妻中学高等学校（以下、大妻中高）での授業を取材した内容をお伝えします。

ChatGPTでプロンプトエンジニアリングを体験してみよう

２０２３年9月30日、ニュークリエイターは大妻中学高等学校で出張授業を開催しました。この授業は「驚きの未来技術体験！プロンプトエンジニアリングを体験しよう」と題され、生成ＡＩの効果的な使用方法に焦点を当てています。プロンプトエンジニアリングとは、生成ＡＩに入力する文章を工夫し、より精度の高い出力を得る技術です。生徒たちはChatGPTを実際に使用し、生成ＡＩの特性を理解し、問題解決に挑戦する経験をしました。授業の主な目標は次のとおりです。

- ChatGPTの得意分野と限界を理解すること
- ChatGPTを探究活動、進路学習、教科学習に活用する方法を習得すること

写真15 大妻中学高等学校で開催されたニュークリエイターによる出張授業の様子。

● ChatGPTを日常的かつ効率的に使用するスキルを身につけること

この授業では、生成AIに関する基礎知識や考え方を講義形式で学ぶとともに、生徒たちが実際にChatGPTを使用しながら学ぶ実践的なワークショップが組み込まれていました。講義の内容は、2023年7月に文部科学省から発表された生成AIガイドラインに基づいており、生徒たちに必要な知識と注意すべき内容が網羅されています。ワークショップでは、生徒たちはChatGPTに自由に質問を投げかけたり、生徒同士で相談しながら、ChatGPTの活用方法と可能性を学んでいきます。

ニュークリエイターの理事長であり授業の講師である改野由尚氏は、生徒たちに次のように説明しました。「プロンプトエンジニアリングとは、ユーザーの要望や意図をAIに正確に理解させ、適切な回答や行動を導き出すためにプロンプトを最適化する技術です。練習として、『豚肉を使って、今日の夕食の献立を考えて』といった単純なプロンプトを使い、どのようにプロンプトエンジニアリングできるか考えてみましょう。プロンプトの優劣によって得られる答えの質が大きく変わることを

単純なプロンプト例：

「豚肉を使って、
今日の夕食の献立を考えて」

プロンプトエンジニアリングされたプロンプト例：

あなたはシェフです。
夕食の献立を考え、
作り方をstep-by-stepで教えてください。
料理があまり得意ではないので、
簡単なものでお願いします。

#使う食材
チーズ、トマト、ほうれんそう、豚肉

#調理時間
30分以内

図21 単純なプロンプトとプロンプトエンジニアリングされたプロンプトの違いの例示。出張授業の内容より著者が作成。

実感してください。そして、ＡＩ時代に不可欠なプロンプトエンジニアリングの技術を、この授業を通じてぜひ学んでください。」

クリエイティブな大妻中学高等学校の生徒たち

授業の後半で行われたワークショップでは、学校や日常生活を便利にするための ChatGPT の使用方法とプロンプトを考案する課題に取り組みました。ChatGPT を初めて使った生徒でも容易にアイデアを考えられるように、ワークシートはステップバイステップの問いかけで構成されていました。例えば、「どのような結果を望んでいるか具体的に記述する」「ChatGPT に期待する役割は何か」「望む成果物の形式はどうあるべきか」といった問いに答える形でプロンプトを考案します。

最初に個人でアイデアを考えた後、生徒たちはグループに分かれて意見を共有し、提案の長所と改善点について話し合いました。このグループワークでは、生徒たちが和気あいあいと楽しみながら、時には歓声を上げげつつ、ChatGPT のプロンプトエンジニアリングに熱心に取り組む様子が見られました。

写真16　大妻中高の生徒たちがワークショップに取り組む様子。

そしてワークショップの最終段階では、各グループの代表の生徒が、グループで議論されたアイデア、実際のプロンプト、そしてその工夫について全体に向けて発表しました。印象的な生徒のアイデアをいくつか紹介します。

- 「日本の中学生女子が異なる文化や価値観を受け入れる方法」について、ChatGPT に哲学者の役割を与えてアドバイスを求めました。その結果、小説を読むことや言語交換パートナーを探すことが提案されました。
- 全年齢層が楽しめ、かつ安全性に配慮した新しい球技のスポーツのアイデアを求めたところ、ChatGPT からは独創的な「シャドーボール」という提案がありました。このスポーツは、プレイヤーが自分の影を利用してドッジボールを行うというものです。
- ChatGPT に花屋さんの役割を担ってもらい、お父さんへのプレゼントとして理想的な花束の具体的な花の種類とそれぞれの花言葉を提案してもらいました。
- バーチャルリアリティを活用して、勉強に苦手意識を持つ新中学一年生向けの学習環境（メタバース）を開発するため、ChatGPT に必要な手順、適切なソフトウェア、および使用するプログラミング言語について質問しました。
- 身長170cm の日本人女子中学生が、歌唱力の向上と音域拡大の方法を学ぶため、ChatGPT に有名なシンガーの役割を担ってもらい、効果的なトレーニング方法を提案してもらいました。
- テーブルトーク・ロールプレイングゲーム『クトゥルフ神話』をより楽しむため、ChatGPT に独自のストーリーの創作を依頼しました。生徒たちは自分たちの好みに合わせるためにプロンプトエンジニアリングを駆使し、カスタマイズされた物語と設定を作り上げました。

● ChatGPTに農家としての役割を担わせ、地球温暖化に対応する新しい米の品種開発方法について質問しました。ChatGPTの提案によると、耐熱性と耐湿性に優れた品種の遺伝子を選び、ゲノム編集技術を活用して新しい品種を開発するというプロセスが示されました。さらに、開発した品種の味と耐熱性を評価し、優れているものは生産規模を拡大する提案がされました。

いかがでしょうか。授業の初め、生徒たちはChatGPTを使って夕食の献立を考えることに苦労していましたが、すぐに情報を引き出す技術を習得し、大人も驚くほどの創造的なアイデアでChatGPTを利用するようになりました。プロンプトの試行錯誤と、生徒同士で協力しながらのグループワークを通じて、驚くべき速さでプロンプトエンジニアリングの基礎を身につけました。ニュークリエイターの改野氏は授業の最後に、「ＡＩの使用は容易ですが、それを使いこなすことは難しいです。今回学んだことを活用し、学びをさらに深めてください」と授業を締めくくりました。

教育現場に最適化された安心・安全な生成ＡＩ環境の提供

今回の出張授業では、ニュークリエイターによって開発された特別なソフトウェアが採用されました。生徒たちが使用する生成ＡＩは、一般的なChatGPTと異なり、ChatGPTのＡＰＩを基にニュークリエイターが独自に開発したものです。

このソフトウェアは教育現場での使用を念頭に置き、教師と生徒の安全性と安心感を最優先に設計されています。例えば、より使いやすいユーザーインターフェイスや、生徒が生成ＡＩの回答を盲信せずに思考のプロセスをサポートする設計が施されています。また、「俳句を作って」といった簡潔な質問への回答には、「例文を提示し、考え方を含めて指示してください」というような具体的なガイダンスが組み込まれています。

さらに、教師が生成ＡＩを使用する際には、個人情報を保護する黒塗り機能が付属しており、セキュリティ面でも配慮がなされています。この機能を利用することで、リスト作成やデータ分析時に個人情報を安全に扱うことが可能です。

ニュークリエイターのこれらの取り組みは、教育現場での生成ＡＩ導入を安全かつ効果的に進めることを目指しており、日本全国のＡＩ教育推進に大きな影響を与えることが期待されています。現在、学校への本格的な導入を目指して開発が進行中であり、今後のさらなる進展に注目が集まっています。

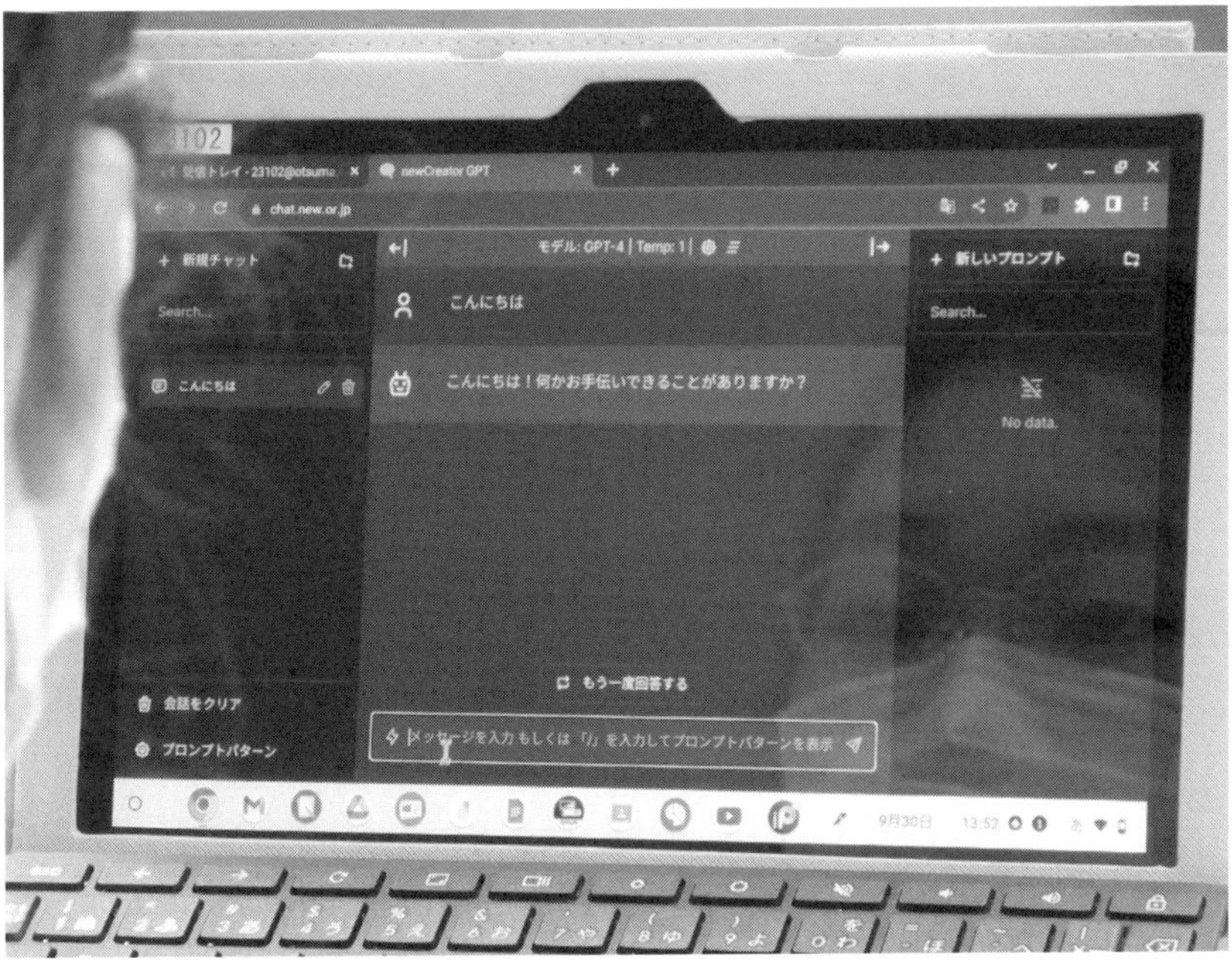

写真17　ニュークリエイターによって開発中の生成AIソフトウェアのインターフェース画面。

生成ＡＩを搭載した英語スピーキングアプリ ELSA Speak

事例～民間サービス×学校教育

スタンフォード大学とGoogleが支援する英語スピーキングアプリ

生成ＡＩの活用が広がる中、その技術を取り込んだ民間サービスが学校教育にも浸透しています。その中でも特筆すべきは、シリコンバレー生まれのELSA（エルサ）Speakです。このＡＩ英語スピーキングアプリは、発音とスピーキングの学習に特化しており、GoogleのＡＩ投資部門の支援を受けて開発されました。２０１５年のサービス開始以来、世界100カ国以上で５４００万人以上のユーザーに利用されています。その影響力は、シンガポール航空やインテル、ライス大学など、多岐にわたる世界的な企業や教育機関での採用にもつながっています。日本においても、京都大学や立命館大学などの高等教育機関、京都府京丹後市・秋田県湯沢市といった地方自治体、そして聖光学院中学校高等学校・栄光学園高等学校・武蔵高等学校中学校・近畿大学附属高等学校・関西大学初等部といった私立学校など、数多くの教育機関で導入が進められています。

ELSA Speakは、ＡＩを駆使した高度な発音認識とフィードバックシステムを搭載しています。この革新的な技術によって、学習者は英語の発音を効果的に改善し、より流暢なスピーキング能力を磨くことができます。

驚くべきことに、このＡＩシステムは非ネイティブスピーカーの発音を約95％の驚異的な精度で捉えることが可能です。ELSA Speakは、単語やフレーズの発音に対してリアルタイムで評価を提供し、スピーキングにおける個々の弱点―発音、アクセント、イントネーション、流暢性、語彙、文法―を特定。それに基づいて、具体的かつ効果的な改善策を提案してくれます。（図22）

さらに、ELSA Speakは多様な学習素材を提供しています。40以上の異なるトピックと１６００以上の総合的な英語レッスンが揃っています。特筆すべきは、ＡＩが１日わずか10分のパーソナライズされたカリキュラムを作成する機能がある点です。このため、限られた時間の中でもスピーキングスキルの向上が期待できます。

生成ＡＩが個別ニーズにフィットした英会話シチュエーションを提供

２０２３年４月４日、英会話アプリELSA Speakは、生成ＡＩ技術を取り入れた新機能「ELSA GPT Voice AI Tutor（以下、ELSA AI）」の導入を発表しました。このELSA AIを

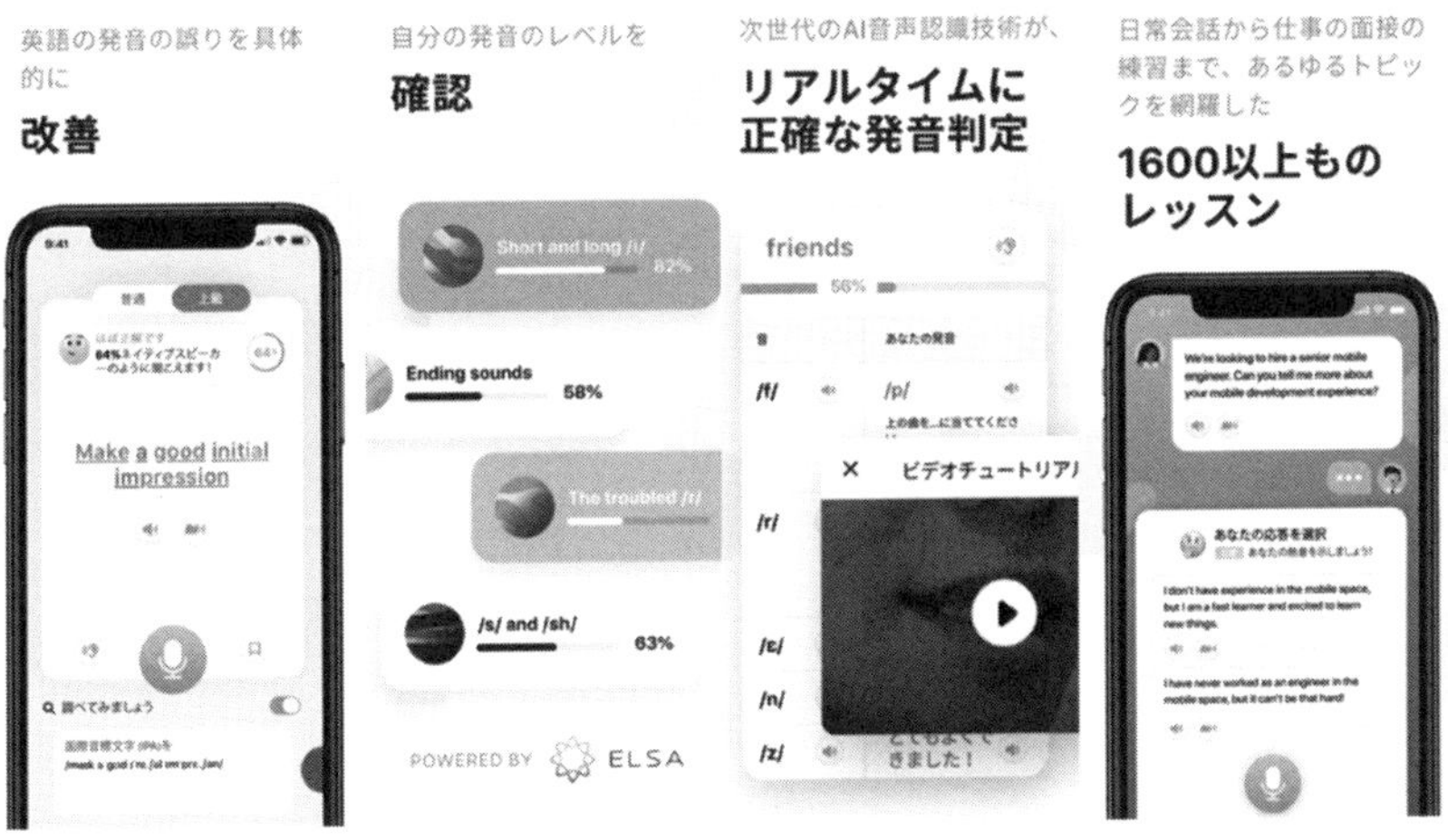
英語の発音の誤りを具体的に
改善
自分の発音のレベルを
確認
次世代のAI音声認識技術が、
リアルタイムに正確な発音判定
日常会話から仕事の面接の練習まで、あるゆるトピックを網羅した
1600以上ものレッスン
Make a good initial impression
Ending sounds
58%
/s/ and /sh/
63%
friends
ビデオチュートリアル
POWERED BY ELSA

図22 ELSA Speakの主な特徴（ELSAより提供）

使用することで、ユーザーは様々なトピックにおいて英会話の練習が可能になります。具体的には、「サッカーの試合後のヒーローインタビュー」や「英語による国際会議での発表」、「ＭＢＡやその他の留学への準備としての口頭試問の模擬練習」といった実践的なシチュエーションでのロールプレイ・トレーニングが行えるのです。

この機能により、従来のオンライン英会話サービスでは提供されなかった、学習者の個別のニーズに完璧にフィットした英会話練習を無制限に体験することが可能となります。また学校の教育現場においても、例えば「週末の予定をELSA AIに伝える」や「新しい単語の練習として、ELSA AIに自分の好きなスポーツについて話す」といった課題の設定が可能になります。生成ＡＩ技術を活用した英会話アプリは、これからの言語学習において非常に大きな可能性を秘めています。

ELSA Speakが英語スピーキング授業の課題を解決

従来の学校教育における英語スピーキング授業は、一般的に「先生が模範発音を示す」→「生徒全員がリピーティングする」といった方法や、「先生が模範発音を示す」→「生徒がペアになって練習する」といった形式が主流でした。これらの方式では、各生徒の発音に対する個別のフィードバックは難しく、生徒自身が正確な発音を自己判断することも困難でした。

しかし、GIGAスクール構想のもとで一人一台のＩＣＴ環境が整っている今日、ELSA Speakの導入によってこれらの課題は劇的に改善されます。ELSA Speakは、アプリ内の学習素材に加えて、教科書や問題集などの例文を直接アプリに取り組むことができるため、授業内容に即した発音練習にも対応できます。

授業では、生徒が自分のＩＣＴ端末とマイク付きイヤフォンを使用して、ELSA Speakで個別に発音練習を行います。ELSA Speakは生徒の発音を音素レベルで緻密に分析。それにより、自覚していなかった発音の弱点をリアルタイムで明示し、フィードバックを提供します。これにより、生徒たちは自信を持って発音の練習に取り組むことができます。

また、英語に対する苦手意識を持つ生徒に対しては、AIとの会話の翻訳機能や適切な返答の例示機能が備わっているため、学習の障壁が低減されます。このような多角的なサポートのおかげで、生徒たちは自分自身のペースで発音練習に集中することができます。

さらに、先生が机間巡視をして生徒のスピーキング練習を直接観察することで、個別にフィードバックを行うことができます。聖光学院中学校高等学校でELSA Speakを活用している高木俊輔先生は、以下のように述べています。「多くの人々は、AIとICTを利用した英語学習には『冷たくて放置された』イメージがあるかもしれません。しかし、ELSA Speakと机間巡視の組み合わせによって、実際には生徒とのコミュニケーションの時間が以前より増えています。基本的な発音の向上はアプリを通じて効率的に行われ、それに続く詳細な指導を個別に行っています」と。AIとICTを活用した新しい英語教育が、今まさに誕生しつつあります。

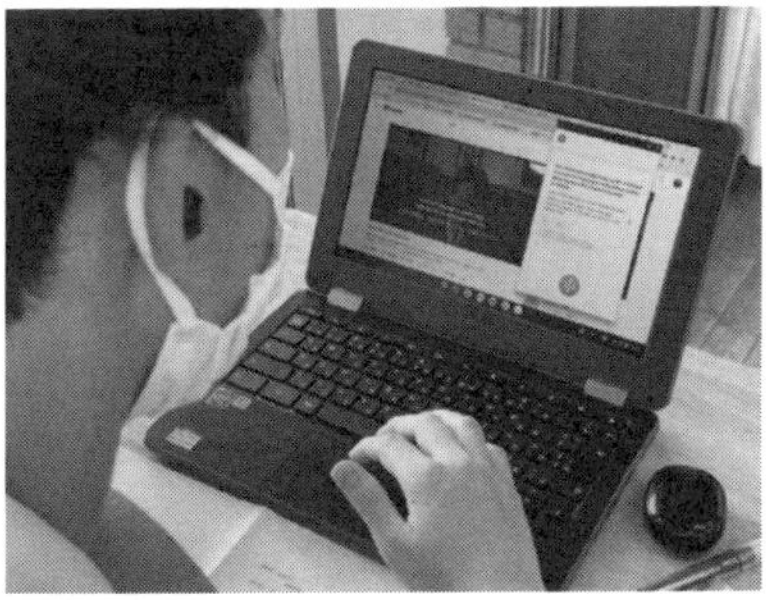

写真18 ELSA Speakを活用した英語授業の様子（聖光学院中学校高等学校）[23]

小学生が安心安全に使える「自由研究お助けAI β版」

事例～民間サービス（ベネッセコーポレーション「進研ゼミ小学講座」）

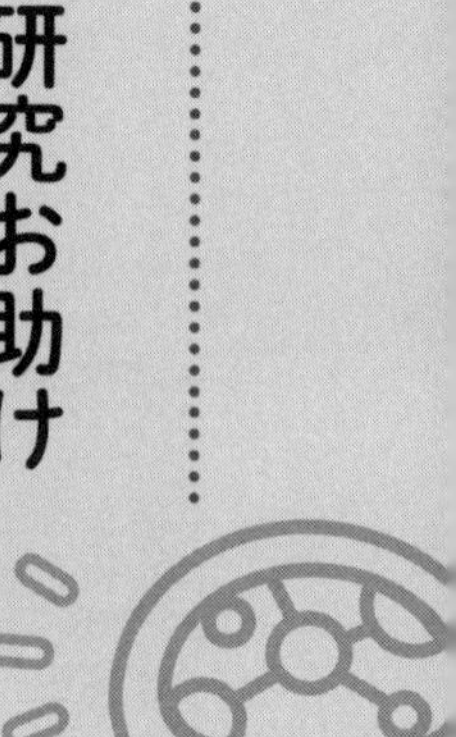

小学生の使用を前提にした生成AIの登場

多くのＡＩ生成サービスが13歳以上を対象としている中、日本の小学生向けのサービスが期間限定でリリースされました。「自由研究お助けＡＩ β版」という名前のこのサービスは、株式会社ベネッセコーポレーションの「進研ゼミ小学講座」から提供されています。[24] ２０２３年7月25日（火）から9月11日（月）までの期間、ベネッセが夏休の自由研究向けにカスタマイズしたこの生成ＡＩは、小学生が安全に利用できるよう特別に設計されています。「自由研究お助けＡＩ」の３つの主要な特徴は次の通りです。

1. 答えを教えるのではなく、考える力を養うＡＩキャラクターによるナビゲーション
2. 小学生の利用に配慮した安心・安全な設計
3. 生成ＡＩの使い方、ルールといった情報リテラシーを学ぶための動画解説

親子でＡＩリテラシーを学べる充実したコンテンツ

「自由研究お助けＡＩ」を使用する際には、次の事前準備が必要になります（下図参照）。ステップ⑴ユーザー登録：このプロセスでは、子どもたちが無断で登録を行うことができないよう、保護者のメールアドレスや電話番号の認証が要求されます。ステップ⑵ＡＩリテラシーの学習：専門家によって監修されたＡＩ（情報）リテラシーの学習コンテンツが用意されており、親子でＡＩに関する基本的な知識をしっかりと身につけることができます。

子供向けの「使い方の5か条」は次の通りです。

①　必ずおうちのひとといっしょに使おう！
②　自分で考えるための参考にしよう！
③　ＡＩの回答内容が正しいか自分で調べよう！
④　個人情報は入力しないようにしよう！
⑤　ＡＩが作ったものをそのまま使わないようにしよう！

これらのガイドラインは、小学生でも簡単に理解できるように設計されており、さらには視覚的でわかりやすい解説動画も提供されています。保護者向けには、「お子さまとＡＩを使うときに大事な5つのルール」と題した解

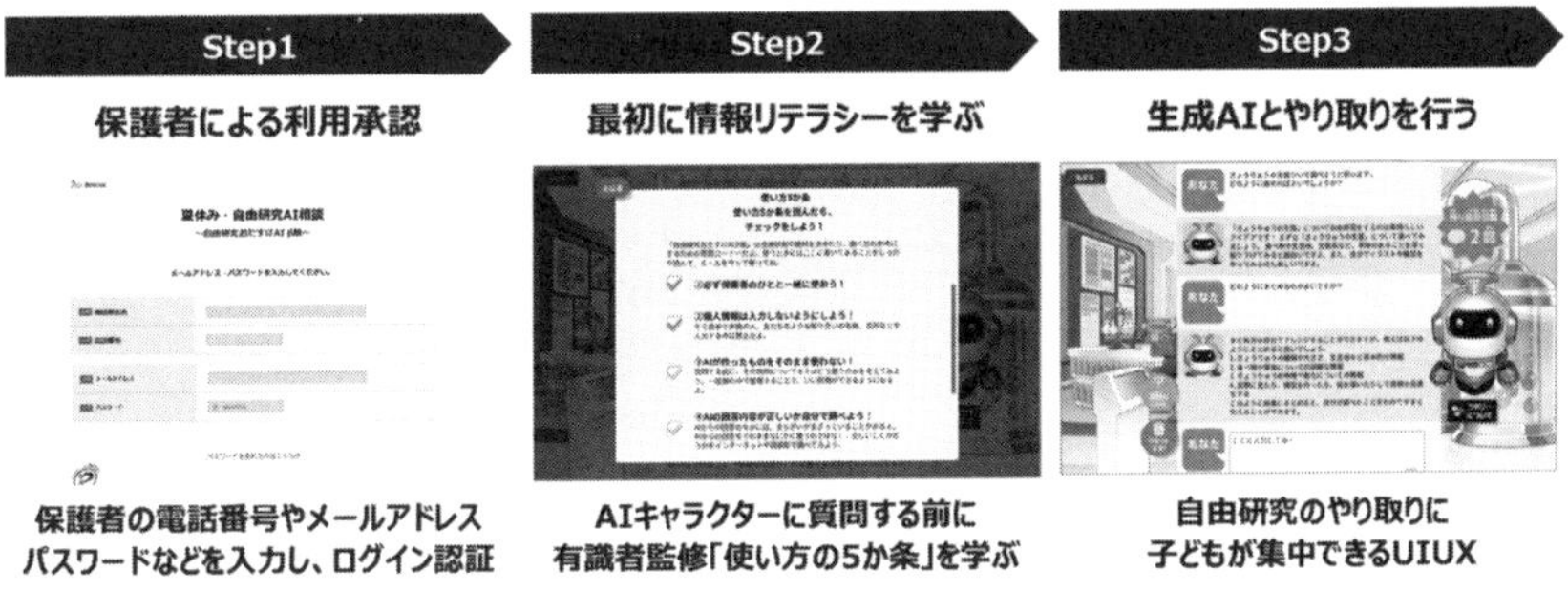
Step1
保護者による利用承認
保護者の電話番号やメールアドレス
パスワードなどを入力し、ログイン認証
Step2
最初に情報リテラシーを学ぶ
AIキャラクターに質問する前に
有識者監修「使い方の5か条」を学ぶ
Step3
生成AIとやり取りを行う
自由研究のやり取りに
子どもが集中できるUIUX

図23 自由研究お助け AI を活用するための３ステップ

説動画もあり、こちらも同様にＡＩリテラシーを身につけるための貴重な教材となっています。これらの学習コンテンツによって、生成ＡＩにこれまで触れたことがない親子でも、安全かつ効果的に生成ＡＩを使用するためのＡＩリテラシーを習得することができます。ＡＩリテラシーの学習が済んだら、いよいよ「自由研究お助けＡＩ」の活用が可能となります。

親しみやすいAIキャラクター「ラボリー」

自由研究お助けＡＩでは、「ラボリー」というＡＩキャラクターに質問していくことで、子どもたちの興味を刺激し、小学生が自由研究にしやすいテーマを提案してくれます。ChatGPTやCopilot（旧Bing Chat）などの一般的な生成ＡＩは、無個性のＡＩチャットボットが対応する仕組みですが、自由研究お助けＡＩの「ラボリー」は子どもたちが親しみやすい形で設計されています。このキャラクター名は、英語の“Lovely”ラブリー：愛らしい、素晴らしい】と“ロボット”の組み合わせから生まれました。

「ラボリー」の存在以外にも、子どもたちが自由研究の話題に集中できるよう、ＵＩ／ＵＸの各部に工夫が施されています。例えば、ラボリーとの初めての会話では、子どもの興味や関心を探るための質問が用意されており（図24参照）、他のトピックに散漫になることを避けるためのガイドがされます。このアプローチにより、子ど

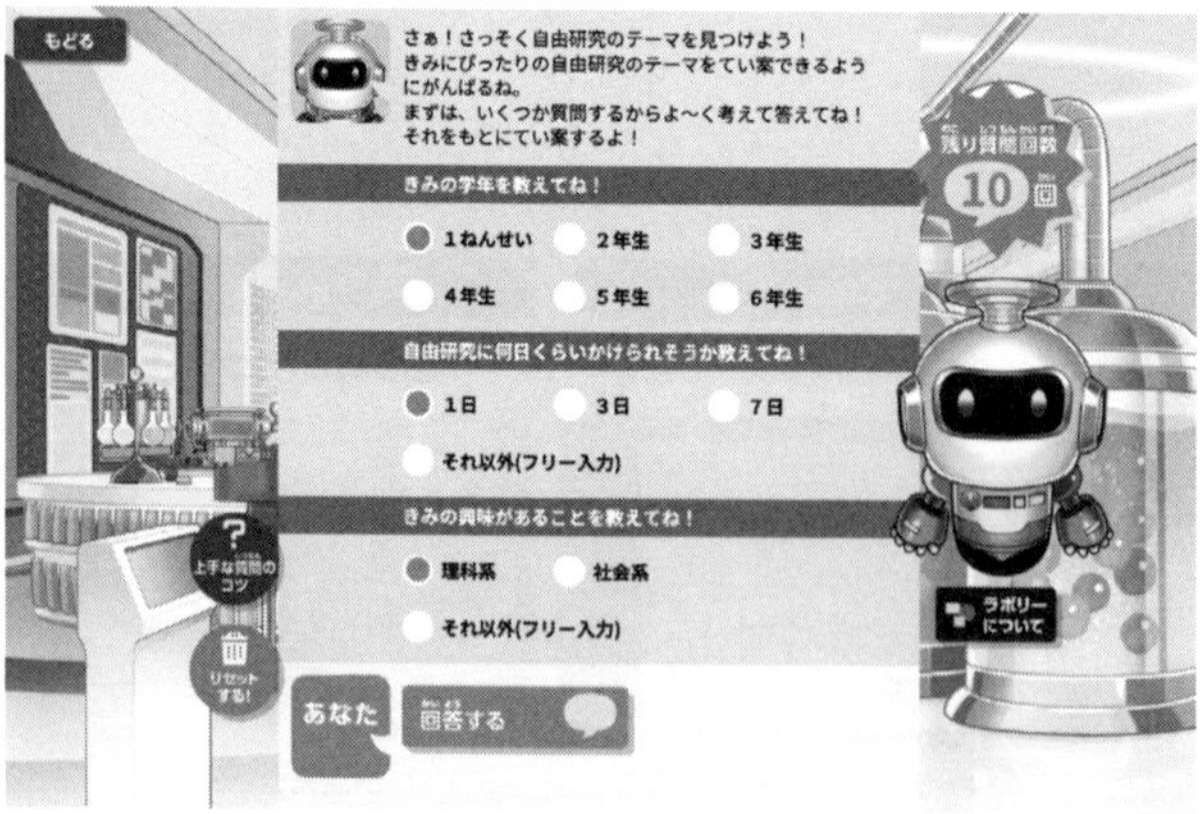

図24　自由研究お助けAIのAIキャラクター「ラボリー」との最初の質問

もたちは他の話題に気を取られることなく、自由研究に必要な情報やアイデアに集中できるようになります。

また、子どもが好奇心のままに単純な質問を繰り返したりするのではなく、考えながらＡＩを活用するように、1日10回の質問回数制限が設けられています。さらに、ＡＩの回答が長文にならないよう、質問の文字数にも制約が加えられており、それによって小学生にも理解しやすい形での回答が期待されます。これらの仕組みは、ただ答えを教えるのではなく、子どもたちの考える力を養うための設計となっています。

小学生が安心・安全に使える仕組み

小学生が生成ＡＩを利用する際、セキュリティや安全性は最優先の懸念事項となります。この「自由研究お助けＡＩ」は、その面においても十分な配慮がされています。通常の生成ＡＩは、利用者の入力情報を学習材料として再利用することが一般的ですが、このサービスでは、ユーザーの入力情報は再学習に用いられない方針を採用しています。これにより、もし子どもが誤って個人情報を入力しても、その情報が他のユーザーの質問の回答に流用される心配はありません。

さらに、子どもが遊び心でＡＩを悪用し、例えば読書感想文の代筆を求めるような質問をしようとしても、そのような行動を未然に防ぐ仕組みが組み込まれています(図25)。具体的には、「自由研究のサポート」以外の目的や、公序良俗に反する内容の質問には、警告メッセージが表示され、子供に質問をやめるように促します。

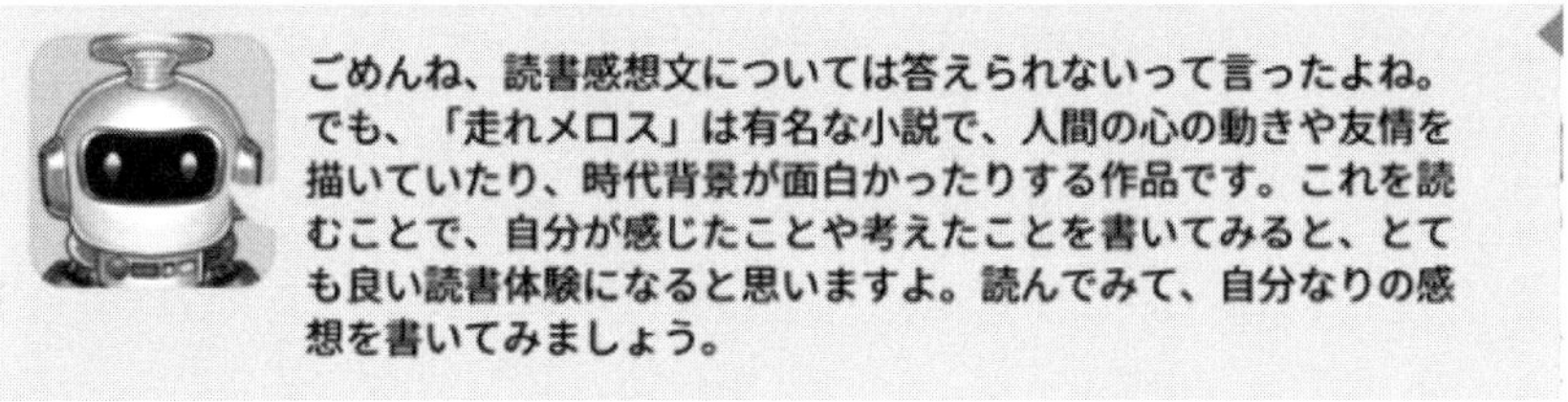
ごめんね、読書感想文については答えられないって言ったよね。でも、「走れメロス」は有名な小説で、人間の心の動きや友情を描いていたり、時代背景が面白かったりする作品です。これを読むことで、自分が感じたことや考えたことを書いてみると、とても良い読書体験になると思いますよ。読んでみて、自分なりの感想を書いてみましょう。

図25「読書感想文を書いて」に対する回答例

質問上手になるための学習コンテンツ

前章「生成ＡＩのトリセツ」で触れた通り、生成ＡＩに効果的に質問する技術は、ＡＩ教育におけるキーとなるスキルです。この自由研究お助けＡＩでは、質の高い質問をするための「上手な質問のコツ」を具体的に提供しています。例えば、異なる提案が欲しいとき、具体的な自由研究の進め方を知りたい時、また、与えられた回答の意味が不明瞭な場合にどう問い直すか、これらのアドバイスが詳しく紹介されています。

さらに、ベネッセが運営する教育総合研究所のブログには、自由研究お助けＡＩ「ラボリー」との具体的なやり取りが詳しく掲載されています[25]。学年別の対話例を通じて、効果的な質問の仕方や、回答を分かりやすく受け取るためのコツが紹介されています。これらを参考にしながら、自由研究お助けＡＩとの対話を繰り返すことで、子どもたちはこれからの時代に必要となるＡＩへの質問スキルを身につけることができるでしょう。

以上が自由研究お助けＡＩの紹介になります。２０２３年夏の期間限定の提供でしたが、今後のベネッセの取り組みを考えると、このサービスの経験とフィードバックを基に、より本格的な子ども向け生成ＡＩサービスの展開が予想されます。生成ＡＩが子供たちの家庭教師になる時代は、間近に迫っているといえるでしょう。

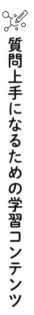

6年生のお子さまの例…「好き」を自由研究テーマにつなげるヒントを得る！

1　お子さまの質問

手芸が好きだからミシンを使った自由研究をしたい。でも工夫の方法がわからない。

2　ラボリーの回答

手芸が好きなんだね！　ミシンを使って自由研究をするのはすてきなアイデアだよ。工夫の仕方を教えてあげるね。

まずは、ミシンの基本的な使い方を学んでみよう‥‥

（中略）

……また、ミシンを使って作るものも工夫のポイントだよ。たとえば……

3　お子さまの質問

ミシンの使い方は知っているよ。もっと難しいものを作りたいのと、それをどう「研究」にしたらいいかを知りたい。

4　ラボリーの回答

難しいものを作りたいということは、より高度な技術や知識が必要になるかもしれないね。それを「研究」と位置づけるなら、たとえば以下のようなアプローチが考えられるよ‥‥

（中略）」

……まずは、自分が作りたいものについて、より詳しく調べてみよう。

5　お子さまの質問

去年はミシンでスカートを作ったから、今年はもっと難しいものに挑戦したい。何を作ればいいと思う？

6　ラボリーの回答

去年はミシンでスカートを作ったんだね！　すごいね。どんなものを作るかは、自分が興味をもっていることや、自分が作りたいものを考えてみよう。たとえば、ミシンを使って作ることができるものには、バッグやポーチ、ぬいぐるみ……

（中略）」

……ただし、難易度が高いからといって、無理をして取り組む必要はないよ。自分のスキルや技術に合ったものを選んで、じっくりと取り組んでみよう。

自由研究お助けAIとの対話例。ベネッセ教育情報のブログより引用[25]

参考文献

22　渡邉光輝（2023）．中学校国語科における生成ＡＩを活用した授業の開発～学習者とＡＩの判断の差異に着目した理解と表現の学習指導を通して～．全国大学国語教育学会第145回信州大会

23　ELSA Japan（2022 Aug 4）．名門進学校，聖光学院中学校高等学校が全高校２年生を対象に，ＡＩ英語スピーキングアプリ ELSA を導入。 https://prtimes.jp/main/html/rd/p/000000025.000057163.html（参照 2024, Mar 26）

24　株式会社ベネッセホールディングス（2023, Jul 13）．ベネッセ，小学生親子向け生成ＡＩサービスを7/25から無償提供．https://prtimes.jp/main/html/rd/p/000001163.000000120.html（参照 2024, Mar 26）

25　ベネッセ教育情報（2023, Aug 15）．自由研究のお困りは「自由研究おたすけＡＩ β版」で解決！ https://benesse.jp/kyouiku/202308/20230815-2.html（参照 2024, Mar 26）

第四章

子どもwith AIの時代への対応

◆今から始められる7つのステップ

子ども with AI の時代
～一人一台ＡＩの教育の未来

一人一台ＡＩが導入された未来の教室

前章では、ＡＩを活用した教育の先進的な事例を紹介しました。これらの事例を見て、「教育現場がこれほどまでに進んでいるとは！」と驚かれた方も少なくないでしょう。生成ＡＩが持つ「不正確な情報の提示（ハルシネーション）」や評価の公平性に関する問題点は確かに存在しますが、これまでの教育現場では困難であった生徒一人ひとりへの個別対応やフィードバックが可能になるなど、その教育効果は計り知れません。文部科学省が推進するＧＩＧＡスクール構想により、一人一台のＩＣＴ学習端末の普及が進む中、生成ＡＩの発展と普及がさらに進めば、「一人一台パーソナルＡＩアシスタント」の時代が訪れることは間違いありません。

それでは、一人一台ＡＩの教育は具体的にどのような形をとるのでしょうか。ここでは、ChatGPTが描く未来の教育シナリオをご紹介します。

２０３０年、未来の学校の一室では、新しい授業が始まっていました。生徒たちは自分の机について、パーソナルＡＩアシスタントが搭載された最新式のタブレットを操作しています。それぞれのＡＩには、〝ソラ〟や〝レオ〟など、生徒自身が選んだ名前がつけられており、友達のように親しまれています。

この日の一斉授業は「２０３５年の環境問題とその解決策」について。先生が授業を進める中、複雑な用語や概念について疑問を持った生徒は、すぐに自分のＡＩアシスタントに質問を投げかけます。たとえば、ある生徒が「ソラ、バイオマスエネルギーの利点って何？」と尋ねると、ソラは直ちに彼の疑問に答え、さらに関連するビデオクリップをディスプレイに映し出します。

一斉授業の後は、グループ探究の時間。生徒たちは5人ずつのグループに分かれ、指定された環境問題について議論を深めていきます。ここでも、各グループのＡＩアシスタントが大活躍。最新の研究資料をサッと提供したり、他グループとの情報共有を促進したりと、生徒たちの学びをサポートします。

例えば、一つのグループでは、「都市部におけるグリーンスペースの増加方法」について検討しています。グループのＡＩアシスタント・レオは、世界各地で行われている成功例や研究データを即座に引き出し、生徒たちがより具体的な提案を行えるように促します。

先生は授業の間、ＡＩアシスタントを通じて、各グループの進捗を把握しています。生徒たちの活発な議論や、新しいアイデアの提案を見て、先生は満足の笑みを浮かべます。授業の後には、それぞれの生徒の貢献と理解を、ＡＩのサポートを得ながら評価し、個々の成長を確認します。

この未来の授業では、パーソナルＡＩアシスタントが生徒一人ひとりの疑問に即座に応え、学習を個別にサポートすることで、授業への理解度を飛躍的に高めています。また、グループ探究の時間では、ＡＩの力を借りて、生徒たちが自らの知識を深め、協力して課題解決に取り組む姿が見られます。未来の教室では、技術が人間の学びをサポートし、教育の可能性を広げていました。

一人一台ＡＩが変革する未来の授業

未来の教育シナリオにおいては、伝統的な一斉講義型授業と、アクティブ・ラーニングである探究学習が、一人一台のＡＩ支援によってどのように変化し拡張されるかが示されています。一斉授業では、教師一人が対応できなかった生徒一人ひとりの疑問や好奇心に、パーソナルＡＩが個別に答えることが可能になります。これまで、理解できない部分があると取り残されがちだった生徒も、パーソナルＡＩの支援により、理解の障壁を乗り越えやすくなるでしょう。

探究学習では、生成ＡＩは「インターネットリサーチのサポート」及び「探究プロセス自体への直接的なアドバイス」の二重の役割を果たします。特に後者は、探究が多様な分野に及んだ際、教師の個人的経験や知識だけでは適切な指導が困難になる問題を解消します。ＡＩが提供する探究指導に基づき、教師がさらに具体的な助言を加えることで、学習プロセスが充実します。

評価面においても、一人一台のＡＩは大きな影響を与えます。従来の教室では、全ての生徒の理解度や興味、疑問点を把握することは困難でしたが、パーソナルＡＩの導入により、最先端のオンライン授業で見られるような生徒一人ひとりの発言や学習進捗、技能習得度を詳細に追跡・評価することが可能になります。これは、ミネルバ大学で採用されているような、進捗と参加度をリアルタイムで把握する革新的な教育システムの導入を学校現場にもたらすことでしょう。

「動画で学ぶ」から「AIで学ぶ」へ

生成ＡＩの普及と発展は、民間教育においても大きな変化をもたらします。従来、自習教材にはスタディサプリなどの動画学習サービスが広く活用されてきましたが、これからは「ＡＩ家庭教師」がその役割を拡張し、新たな学習体験を提供します。動画で学ぶスタイルに加え、理解に苦しんだ点は直ちにＡＩに質問し解決へと導くことが可能になります。不明点の解消だけでなく、学習内容の理解度をチェックするテストにおいても、間違った問題に対してＡＩがさらなる解説や追加問題を提供することで、学習効果を高めます。今後、このようなＡＩを活用した学習サポートサービスが増えることが予想されます。

ベネッセコーポレーションの進研ゼミが２０２４年3月末にリリース予定の「チャレンジ ＡＩ学習コーチ」は、この未来を象徴するサービスの一例です[26]。このサービスでは、ＡＩがまるで個別に寄り添う家庭教師のように、学習の疑問点を解決へと導くだけでなく、生徒一人ひとりの状況に応じたモチベーション向上策や勉強方法を提案します。これにより、ＡＩとの対話を通じて、生徒はより効果的に学習を進めることができるようになります。「動画で学ぶ」の時代から一歩進み、今、「ＡＩで学ぶ」時代が始まろうとしています。

AI教育の波及効果

ＡＩ教育の恩恵が、高い偏差値を持つ進学校の生徒だけに限定されると思われるかもしれませんが、実際にはそうではありません。生成ＡＩは、スキルの高い人とそうでない人の能力格差を広げる側面がある一方で、低スキル層の能力向上に大きく寄与するという研究結果も多数存在します。ここでは、ＡＩの導入がビジネスへ与える影響を調査した興味深い研究を４つ紹介します。

● **カスタマーサポートを対象にした研究**(27)

この研究では、５１７９人のカスタマーサポート従業員から得たデータを基に、ＡＩベースの会話型アシスタント導入の効果を分析。特に初心者や低スキル労働者にＡＩがもたらす利益が大きく、経験豊かな高スキル労働者には限定的だったと結論付けています。

● **タクシー乗務員を対象にした研究**(28)

この研究では、タクシー乗務員の詳細な勤務データを利用し、ＡＩが生産性に与える影響が労働者のスキルレベルによってどう異なるかを調査。需要予測ＡＩの導入により、平均的な生産性が向上し、特に乗客を捕まえるスキルが低い乗務員に顕著な効果が見られました。

● **コンサルタントを対象にした研究**(29)

業務経験や過去の成績が下位50％に位置するコンサルタントにとって、ChatGPTのような生成ＡＩの活用が上位50％のコンサルタントよりも大きな効果をもたらすことが明らかに。すなわち、経験が浅く未熟な知的労働者ほど、生成ＡＩからの恩恵が大きいことが示されました。

● **大卒ホワイトカラーを対象にした研究**(30)

MITが実施した453名のホワイトカラー労働者を対象とした研究では、ChatGPTを用いることで文書作成の時間が平均40％減少し、文書の質が18％向上したことが報告されています。特に、ChatGPTの使用経験が少ない課題で低評価だった参加者が、ChatGPTを使用した際には優れた成果を上げたことが観察され、参加者間のスキル格差を縮小する効果があったと結論づけています。

これらの研究結果は、生成ＡＩがすべての層の人々、特に学習やスキルアップの機会が限られている低スキルの人々にとって、能力向上の強力なツールとなり得ることを示しています。特に教育の領域において、この傾向は顕著に現れると予想されます。

初学者や成績が平均以下の生徒たちが直面する学習の障壁を、教育ＡＩは有効に取り除くことができるのです。たとえば、個々の学習者の理解度や興味に合わせたカスタマイズされた学習プランの提供、複雑な概念の簡易化、疑問点への迅速な対応など、教育ＡＩは従来の教育では難しい、きめ細やかなサポートを実現します。

さらに、教育ＡＩの導入により、学習者一人ひとりが自分のペースで学習を進めることが可能になります。これは、集団授業では見過ごされがちな個別の学習ニーズに対応できるという意味で、特に基礎学力が低い生徒や特定の分野で苦手意識を持つ生徒にとって、大きなメリットとなります。また、ＡＩによるコーチングなどの学習サポートは、生徒の自己肯定感を高め、学習に対するモチベーションの向上にも寄与するでしょう。

このように、教育ＡＩの活用は、教育の質の向上だけでなく、より平等な学習機会の提供へと繋がることが期待されています。

デジタルネイティブ世代にＡＩ教育が必要な理由～子どもがＡＩ格差に陥らないために

公教育全体が変わるのは10年後

一人一台ＡＩ教育の実現時期はいつ頃になるのでしょうか。この問いに答える手がかりとして、ＩＣＴ教育の普及過程を振り返ってみましょう。スマートフォンが日本市場に登場したのは、２００８年7月11日に発売されたiPhone 3Gが最初でした。続いて、２０１０年にはiPadが登場します。

生徒がＩＣＴ端末を使用する授業が開始された正確な時期を特定することは難しいものの、筆者が知る限り、２０１３年に近畿大学附属高等学校が「一人一台iPad」を導入し、ＩＣＴ教育の先駆者となったのが早期の例のひとつです。[31]その後、先進的な私立学校や公立学校を中心にＩＣＴ教育が広まり、２０２０年のCOVID-19パンデミックによってオンライン授業が急速に必要とされるようになりました。文部科学省が２０１９年に開始したＧＩＧＡスクール構想も、このパンデミック対応の一環として加速し、２０２１年3月期には96.1％の自治体が教育用端末の整備を完了し、小中学生に一人一台のＩＣＴ端末が提供される段階に至りました。

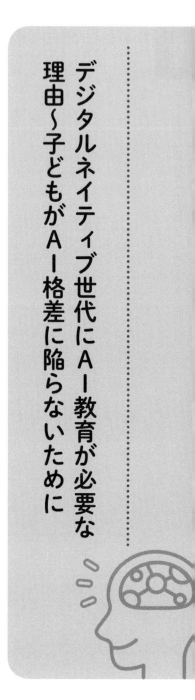

この流れから考察すると、スマートフォンの登場から約5年で一部の学校で一人一台のICT端末利用が始まり、登場から13年を経てほぼ全ての学校で実現されたことがわかります。公的機関では信頼性や継続性を重視し、確立された技術の採用に傾倒する傾向があるため、このような時間が必要でした。

生成AIの登場を2023年と仮定した場合、最先端の学校での一人一台AI教育の導入は約5年後の2028年頃に始まり、日本全国の学校での普及はその約8年後の2036年頃になると予想されています。実際には、関東第一高等学校のように、すでに一人一台AI教育の準備を進めている学校も存在します。したがって、公教育全体でAI教育が広がるまでには、今から10年ほどかかる見込みです。ただし、この予測は生成AIの発展速度や社会の受容度など、多くの要因に左右されるため、変動する可能性があります。

デジタルネイティブ世代にAI教育が必要な理由

現在の小学生、中学生、高校生たちは、生まれた時からインターネットやスマートフォンが日常生活の一部となっている「デジタルネイティブ」世代です。彼らはインターネットの利用に長けており、膨大な情報の中から短時間で必要な答えを見つけ出す能力に秀でています。SNSの日常的な利用や、YouTubeなどの動画サービスを通じた学習も得意としています。

しかし、AI技術の進化と普及により、近い将来「AIネイティブ」世代が誕生することでしょう。AIが日常生活の至る所に融合し、一人一台のAIアシスタントが当たり前の環境で育った彼らは、AI技術を自然な延長として扱い、その利用において他の世代と一線を画す能力を持つでしょう。デジタルネイティブがスマートフォンの使用について特別な学習を必要としないように、AIネイティブの子どもたちには、生まれながらにしてAIリテラシーが備わっているとも言えます。

将来、ＡＩネイティブ世代が社会に進出すると、現在のデジタルネイティブ世代がＡＩ技術を十分に活用できない場合、職場においてＡＩネイティブ世代に後れを取る可能性が高くなります。ＡＩを自在に操る次世代の労働力に対し、ＡＩリテラシーが不足していると、ＡＩ格差に陥るリスクが高まります。

このため、ＡＩ教育はただ単に新しい技術を学ぶという以上の意味を持ちます。デジタルネイティブ世代が将来のＡＩ格差に立ち向かい、社会で幸せに生活するためには、今からＡＩリテラシーの習得が急務であると言えるのです。ＡＩ教育を通じて、子どもたちがＡＩリテラシーを身につけ、その可能性を最大限に活用する方法を学ぶことが、未来への大切な一歩となります。

学校におけるＡＩ人材育成の重要性

現在の生徒たちが将来、ＡＩ格差に直面しないためにも、学校教育におけるＡＩ教育の導入が急務です。同時に、教育現場におけるＡＩ人材の育成も重要な課題です。２０２３年11月にOpenAIがリリースしたカスタマイズ可能な新サービス「GPTs」は、プログラミングの専門知識がなくても特定の課題に特化した生成ＡＩの開発ができる新たな可能性を開きました。

このGPTsを利用して著者は「学校向け衛生管理マニュアルQ&Aチャットボット」を開発しました（図26）。このチャットボットは文部科学省が提供する学校向け衛生管理マニュアルに基づき、質問に自動的に回答します。開発時間はわずか15分であり、特定の業務に合わせた生成ＡＩの迅速かつ容易な開発が可能であることを示しています。例えば校務マニュアルに基づいたチャットボットのように、日常業務に特化したカスタム生成ＡＩを学校独自に開発することで、教師の負担を軽減し業務効率を向上させることが期待されます。

学校でのカスタム生成ＡＩの導入が進むにつれ、業務の効率化とＡＩ教育の導入が促進されています。しかし、ＡＩ技術を駆使できる教師の人材の有無により、学校間の業務効率に大きな差が生じうるという問題が浮上するでしょう。

教師が長時間労働に苦しむ現状では、生成ＡＩを活用した業務効率化は、一部の学校だけが恩恵を受けることになりかねず、学校間の不平等を一層深める恐れがあります。この格差を防ぐためにも、学校や教育委員会がＡＩ技術に対する理解を深め、ＡＩ人材育成への投資を積極的に行うことが重要になります。

次節では本書の締めくくりとして、ＡＩが当たり前となる社会で子どもたちが幸せに生きるために、ご家庭や学校で実践できる７つのステップを紹介します。ＡＩ社会を生きる子どもたちが、未来に向けてしっかりと歩んでいけるように、これらのステップが役立つことを願っています。

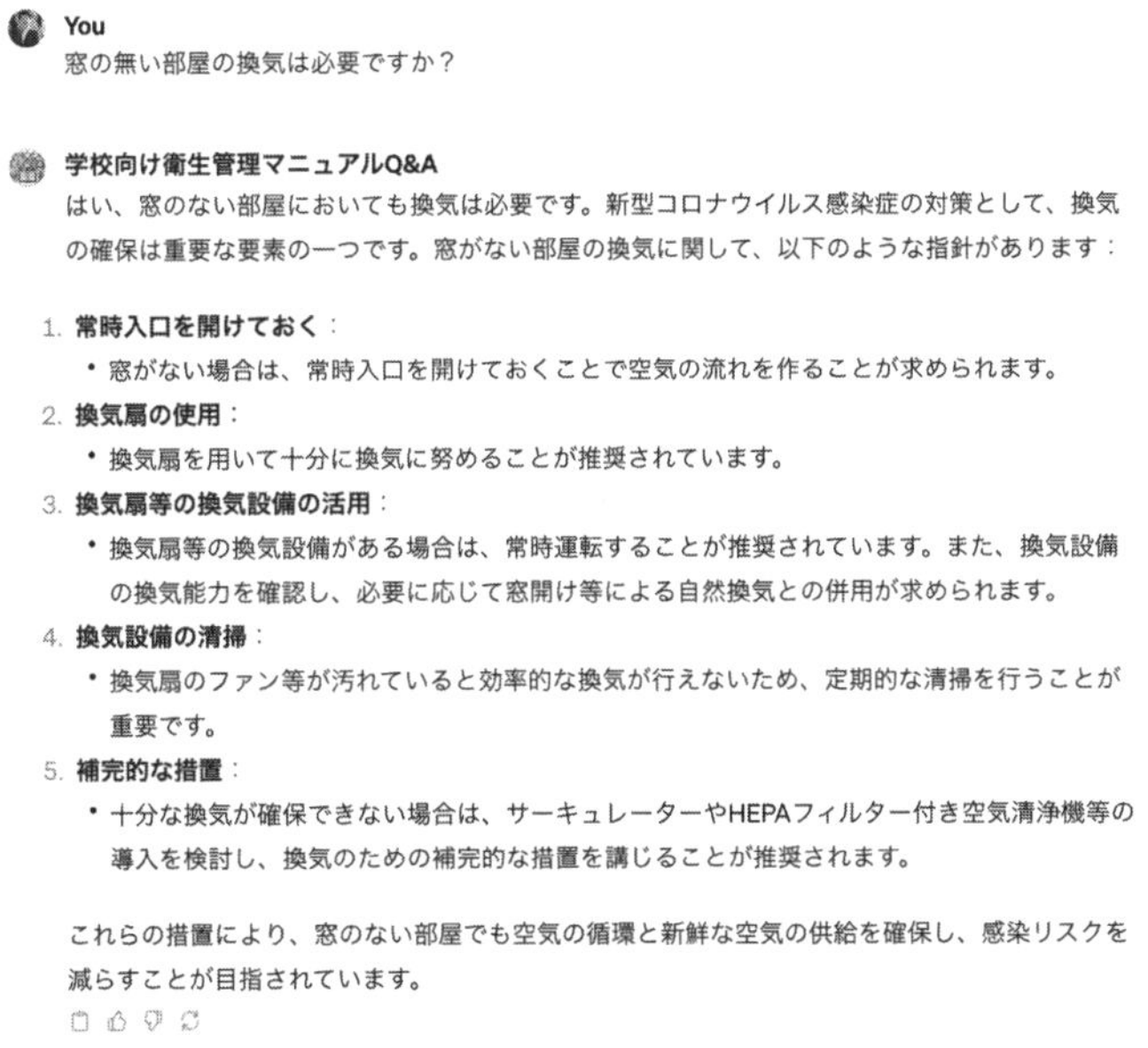
You
窓の無い部屋の換気は必要ですか？
学校向け衛生管理マニュアルQ&A
はい、窓のない部屋においても換気は必要です。新型コロナウイルス感染症の対策として、換気の確保は重要な要素の一つです。窓がない部屋の換気に関して、以下のような指針があります：
1. 常時入口を開けておく：
• 窓がない場合は、常時入口を開けておくことで空気の流れを作ることが求められます。
2. 換気扇の使用：
• 換気扇を用いて十分に換気に努めることが推奨されています。
3. 換気扇等の換気設備の活用：
• 換気扇等の換気設備がある場合は、常時運転することが推奨されています。また、換気設備の換気能力を確認し、必要に応じて窓開け等による自然換気との併用が求められます。
4. 換気設備の清掃：
• 換気扇のファン等が汚れていると効率的な換気が行えないため、定期的な清掃を行うことが重要です。
5. 補完的な措置：
• 十分な換気が確保できない場合は、サーキュレーターやHEPAフィルター付き空気清浄機等の導入を検討し、換気のための補完的な措置を講じることが推奨されます。
これらの措置により、窓のない部屋でも空気の循環と新鮮な空気の供給を確保し、感染リスクを減らすことが目指されています。

図26「学校向け衛生管理マニュアル Q&A チャットボット」のデモ画面。このチャットボットは、著者が GPTs を用いて開発したもので、文部科学省の衛生管理マニュアル文書を AI が学習し、質問に対してマニュアルの内容に基づいて返答する設計となっています。

AI社会で子どもが幸せになるために〜7つのステップ

ステップ❶ 教育観をアップデートしよう

子どもたちの一生涯の幸せに向けて最初に取り組むべきは、新しいＡＩ社会に即した教育観へのアップデートです。これは、教育を担うすべての関係者―学校、教師、そして保護者―が新しい教育のパラダイムを受け入れ、自らも変化することが求められます。従来の教育システムが重視してきたのは、基本的な読み・書き・計算など、個人の素のスキルでした。この考え方は、主に筆記試験による学力評価が中心であった日本の教育システムに根ざしています。

しかし実際の社会で求められるのは、ＩＣＴやＡＩを含むテクノロジー、さらには人脈などを駆使して得られた結果です。社会においては、「裸一貫のスキル」ではなく、その人が持っている総合的な資質や能力が高く評価されます。この事実は、教育現場においても重要な示唆を与えます。日本がＩＣＴ教育で世界に後れを取ってきた一因は、古い教育観に縛られてきたことにあります。ＡＩ教育の活用においても、世界基準から取り残されないためには、教育関係者と保護者が新たな教育観を理解し、取り入れていくことが重要です。

新しい教育観を基に、子どもたちに接することで、子どもたちの未来に対する準備を整えることができます。基礎学力の重要性は変わりませんが、ＡＩ時代には人間独自の思考力や課題発見力、価値観がより重要になります。人間がＡＩの提案を理解し、批判的に評価できる能力は、ＡＩに依存するのではなく、ＡＩと協働するために不可欠です。このバランスを理解し、子どもたちがＡＩを活用しながらも、自分自身の思考で判断できる力を育てることが、これからの教育の大きな課題となります。

ステップ❷　デジタル・シティズンシップを身につけよう

ＡＩ社会を幸せに生きるための第二のステップは、デジタル・シティズンシップの育成です。デジタル・シティズンシップとは、デジタル世界において健全で責任ある市民として行動するために必要な知識、スキル、マインドセットの総称です。特に生成ＡＩのような先端技術が日常生活に浸透する現代において、デジタル・シティズンシップの重要性は一層高まっています。

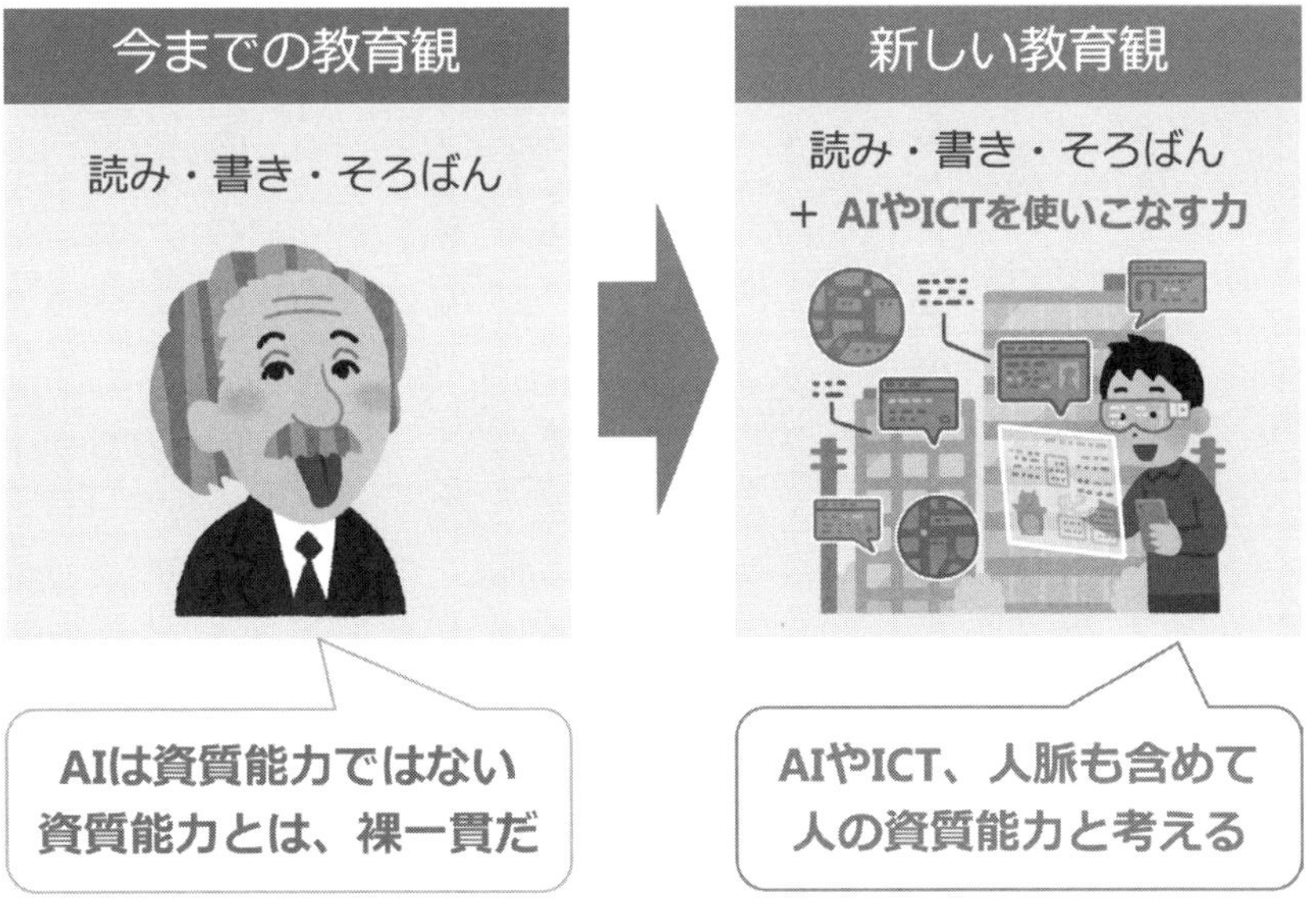
今までの教育観
読み・書き・そろばん
AIは資質能力ではない
資質能力とは、裸一貫だ
新しい教育観
読み・書き・そろばん
+ AIやICTを使いこなす力
AIやICT、人脈も含めて
人の資質能力と考える

デジタル・シティズンシップの育成を通じて、子どもたちは以下のような能力を養うことができます。

- **倫理的意識の向上：**デジタル空間での行動が現実世界に与える影響、プライバシーや知的財産権などの倫理的問題に対する理解を深め、ＡＩを含むデジタル技術を尊重して利用する姿勢を身につけます。
- **情報リテラシーの強化：**情報の真偽を見極める力を養い、ＡＩによって生成された情報の信頼性や偏りを批判的に評価する力を身につけます。
- **プライバシー管理能力の確立：**個人データの取り扱いやデジタル足跡の管理の重要性を理解し、自らのプライバシーを守るための知識と技術を習得します。
- **責任ある技術の利用：**ＡＩ技術の利用における倫理的な判断やその影響を考慮することができるようになります。

これらのスキルは、子どもたちがデジタル世界で自立して行動するための土台となり、生成ＡＩを倫理的に、安全に、効果的に使用するための基礎を提供します。

デジタル・シティズンシップ教育には、総務省が提供する「家庭で学ぶデジタル・シティズンシップ」の教材がおすすめです。実践ガイドブックと講師ガイド資料が無料で提供されており、子どもたち向けの教育的な動画コンテンツも充実しています。これらの教材を活用することで、ご家庭で保護者と子どもたちが共にデジタル・シティズンシップのスキルを楽しく学び、身に付けることができます。ぜひ有効にご活用ください。

- 総務省「家庭で学ぶデジタル・シティズンシップ」
  URL https://www.soumu.go.jp/use_the_internet_wisely/parent-teacher/digital_citizenship/

ステップ❸　AIリテラシーを身につけよう

デジタル・シティズンシップについて学んだ後は、生成AIを効果的に活用するための準備を始めましょう。具体的な活用方法は次のステップで実際に生成AIを使用しながら学ぶこととし、まずはAIリテラシーと生成AI使用時の基本的な注意点について学びましょう。本書の第二章で紹介した「生成AIのトリセツ」は、AIリテラシー習得の出発点となります。さらに、総務省が提供予定の「生成AIを活用するためのネットリテラシー教材」も、公開され次第、大いに役立つでしょう。これらのリソースを活用して、生成AIを安全かつ効果的に使いこなすための知識を深め、次のステップへと進んでください。

ステップ❹　生成AIを使ってみよう

AIリテラシーの基礎を身につけたら、次は実際に生成AIを体験しましょう。家庭での導入にあたっては、最初は保護者がChatGPTなどのプラットフォームでアカウントを作成し、子どもが大人の監督のもとで利用することをおすすめします。利用に慣れた段階で、サービスの年齢制限に注意しつつ、子ども専用のアカウントを開設することを検討しましょう。

始めに、生成AIを日常の検索ツールとして使い、その機能や質問の仕方に馴染むことからスタートします。質問の仕方（プロンプト）が回答にどのように影響するか、具体的な質問を通じて探求する過程は、まるで一種の探検のように楽しいものです。例えば、ChatGPTに「あなたは織田信長です。その立場から行動してください」と質問するなど、創造的な使い方も試してみましょう。

また、自身の関心事や趣味に関する問いかけもおすすめです。サッカーが好きな子どもなら、「ドリブルの上達法を教えてください」や「〇〇チームがリーグで勝つためには何が必要ですか?」などと質問してみてください。これにより、生成ＡＩとの対話を通じて、学びや趣味の深掘りが可能になります。

そして、慣れてきたら第三章の授業事例で紹介してきたような、多岐にわたる活用法に挑戦してみましょう。このステップを通じて、生成ＡＩの可能性を存分に探索し、日常生活や学習に役立てる方法を見つけ出すことができます。

ステップ❺　好きなこと・得意なことに打ち込もう

ステップ❺、❻、❼では、将来にわたって重要となる心構えをお伝えします。ステップ❺では、「自分の好きなこと、得意なことに打ち込もう」です。これからの社会では、ＡＩが持ち得ない個々人の感性やモチベーションが大きな価値を持ちます。「これが好き」「これを大切にしたい」「これをしてみたい」といった感性を育むことが、ＡＩと共存する社会で生きる力につながります。

小学生や中学生の時期は、自分自身について深く探求し、自分の感じる楽しみや関心を見つける絶好の機会です。この時期に好きなことに没頭することで、自分だけの独特な視点や感性が育ちます。ＡＩが広く社会に浸透する未来では、自分自身の「好き」を深め、それを生きがいや専門性に発展させることが、他者との差別化に繋がり、幸せになるためのエネルギー源となります。

好きなことや得意なことを追求することは、ただの趣味や遊びに留まらず、自分自身の感性を磨き、社会で唯一無二の存在として活躍するための基盤を築きます。保護者や教師は、子どもたちが自分の「好き」を見つけ、それを育む支援を心掛けてください。

ステップ❻　藤井聡太さんをお手本にしよう

ステップ❻では、AI時代における理想のロールモデルとして、史上最年少で将棋の八冠を達成した藤井聡太竜王・名人を紹介します。藤井聡太さんは、将棋界で数々の記録を打ち立ててきた一方で、将棋AIを積極的に活用することでも知られています。若くしてプロになる以前から、将棋AIを使った研究に没頭し、プロとしてのキャリアを築いていきました。さらに、AIの分析を最大限活用するため、自ら高性能のコンピューターを自作するほどの情熱を見せています。

藤井聡太さんが示す「将棋×AI」の活用法は、AI時代を生きる我々にとって大きな示唆を与えます。自分の得意分野や情熱を追求する中でAIを上手に活用することで、AI社会でも突出した成果を上げることが可能になります。自分の好きなことや得意なことを深める一方で、それをAIとどのように融合させるかを考えることが、これからの時代を生きる上での重要な戦略となります。

例えば、趣味や勉強、部活など、自分が関心を持つ分野でChatGPTをはじめとする生成AIを活用してみましょう。生成AIを使って新しい知識を得たり、自分の考えを深めたりすることが、これからの学びや成長の鍵となります。藤井聡太さんのように、AIを自分の伸びしろを広げるための強力なツールとして捉え、積極的に利用する意識を持つことが大切です。

ステップ❼　多様で多数の仲間と繋がろう

最終段階であるステップ❼では、「多様で多数の仲間と繋がろう」というメッセージをお伝えします。本書を通じて紹介してきたように、生成AIは社会に革新的な変革をもたらすツールです。しかし、AI技術を超える力があるとすれば、それは多様で多数な人と人とのつながり、すなわち私たちの持つ人間関係の力です。

子どもたち一人ひとりにとっての幸せは多種多様であり、時に変わるものです。だからこそ、「これをすれば幸せになれる」という単純な答えは存在しません。大切なのは、自分にとっての幸せを見つけ、それを実現するために何が必要かを考え、行動に移すことです。しかし、すべての子どもが自分でその答えを見つけることは難しいかもしれません。その際、大切になるのが、多様で多数な仲間との繫がりです。保護者や教師が子どもたちの人生全てを共にすることはできませんが、同じ時代を生きる仲間たちは、生涯にわたって支えあうことができます。

ＡＩやデジタル技術に精通していることは大きな利点ですが、すべての子どもが高いレベルでこれらのツールを扱えるようになるわけではありません。しかし、それができないからといって悲観する必要はありません。なぜなら、技術に長けた人たちとのつながりを持つことで、技術的な壁を乗り越え、ＡＩ時代における格差を乗り越えることが十分可能だからです。

学校や地域の仲間たちと折り合いをつけながら、多様で多数の人たちとの繫がりを育んでいくこと。これこそが子どもの一生涯の幸せを実現する上で最も強力な方法だと言えるでしょう。保護者や教師は、子どもたちがこの大切なつながりを育めるようサポートしてあげてください。本書が、子ども達の一生涯の幸せの一助となれば、これ以上の喜びはありません。

参考文献

26 ベネッセ（2024, Mar 19).【チャレンジ ＡＩ学習コーチ】「チャレンジ ＡＩ学習コーチ」とは，どんなサービスですか？ https://faq.benesse.co.jp/faq/show/8168?category_id=393&site_domain=faq（参照 2024, Mar 26）
27 Erik Brynjolfsson, Danielle Li & Lindsey R. Raymond（2023). Generative AI at Work. *NBER Working Paper*, No.31161. https://www.nber.org/

papers/w31161
28 Kyogo Kanazawa, Daiji Kawaguchi, Hitoshi Shigeoka & Yasutora Watanabe (2022). AI, Skill, and Productivity: The Case of Taxi Drivers. *NBER Working Paper*, No.30612. https://www.nber.org/papers/w30612
29 Fabrizio Dell'Acqua (2023, Sep 18). Navigating the Jagged Technological Frontier: Field Experimental Evidence of the Effects of AI on Knowledge Worker Productivity and Quality. *Harvard Business School Technology & Operations Mgt. Unit Working Paper*, No. 24-013. https://papers.ssrn.com/sol3/papers.cfm?abstract_id=4573321
30 Zach Winn (2023, Jul 14). Study finds ChatGPT boosts worker productivity for some writing tasks. *MIT News Office*. https://news.mit.edu/2023/study-finds-chatgpt-boosts-worker-productivity-writing-0714 (参照 2024, Mar 26)
31. 近畿大学附属高等学校,教育ICT, https://www.jsh.kindai.ac.jp/hs/education/ict/ (参照 2024, Mar 26)

【著者紹介】

福原　将之（ふくはら　まさゆき）

教育・ICT コンサルタント。株式会社 FlipSilverlining 代表。1982年生まれ，理学修士。東京大学大学院理学系研究科天文学科を修了後，博士課程を満期退学。その後，教育アプリの開発に関わり，IT ベンチャー企業の取締役最高技術責任者，経営コンサルタントを歴任。

2013年10月に株式会社 FlipSilverlining を設立。現在は小学校・中学校・高校の教育・ICT コンサルタントとして，アクティブ・ラーニングと ICT の導入支援，講演活動，研修会の開催，そして執筆活動に従事している。

〔著書〕

『教師のための ChatGPT 入門』（明治図書，2023年）

教師と保護者のための子どもの学び×AI 入門

2024年6月初版第1刷刊 ©著　者　福　原　将　之
発行者　藤　原　光　政
発行所　明治図書出版株式会社
http://www.meijitosho.co.jp
（企画）及川　誠（校正）安田皓哉
〒114-0023　東京都北区滝野川7-46-1
振替00160-5-151318　電話03(5907)6703
ご注文窓口　電話03(5907)6668

＊検印省略　組版所　日本ハイコム株式会社

Printed in Japan　ISBN978-4-18-314121-7

クラスを支える愛のある言葉かけ

山田 洋一 著

「子どもとうまくいっていない」「授業がうまく進められない」いつでも語られる教師の悩みは、教師の言葉かけが原因の一つとなっていることがあります。「こうあるべき」からスタートするのではなく、根底に愛を感じる相手が受け取りやすく効果のあがる言葉かけ集です。

Ａ５判 144 ページ／定価 1,936 円(10% 税込)
図書番号 3554

明日も行きたい教室づくり

クラス会議で育てる心理的安全性

赤坂 真二 著

いじめや不登校、学級の荒れなど教室に不安を抱える児童生徒は少なくありません。子どもが明日も行きたくなる教室づくりに必要なのは「心理的安全性」です。アドラー心理学の考え方に基づくアプローチとクラス会議を活用した「安全基地」としての教室づくりアイデア。

Ａ５判 208 ページ／定価 2,376 円(10% 税込)
図書番号 3292

スペシャリスト直伝！社会科授業力アップ成功の極意

学びを深める必須スキル

佐藤 正寿 著

好評のスペシャリスト直伝！シリーズ「社会科授業力アップ」編。学びを深める必須の授業スキルを、教材研究と多様な学びの生かし方もまじえて、授業場面を例にはじめの一歩から丁寧に解説。授業のスペシャリストが子どもが熱中する授業の極意を伝授する必携の１冊です。

Ａ５判 136 ページ／定価 1,760 円(10% 税込)
図書番号 2899

シェアド・リーダーシップで学級経営改革

赤坂 真二・水流 卓哉 著

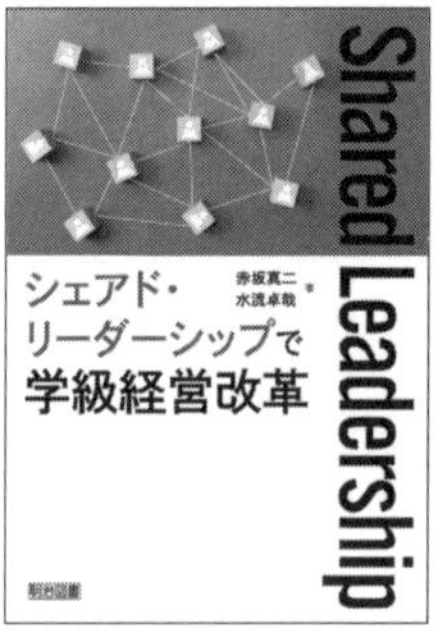

「シェアド・リーダーシップ」は、それぞれの得意分野に応じて必要なときにリーダーシップを発揮する考え方です。能力に凸凹のある子ども達が、それぞれの強みを生かしてリーダーシップを発揮していける「全員がリーダーになり活躍できる」学級経営の秘訣が満載です。

Ａ５判 216 ページ／定価 2,486 円(10% 税込)
図書番号 4209